Klipp & Klar Lernrainer

Herausgegeben von Walter Kowalczyk und Klaus Ottich

Dr. Walter Kowalczyk, Jahrgang 1949, ist Schulpsychologe und als Lehrbeauftragter an der Universität Hannover tätig. Er ist Mitglied in der Aktion Humane Schule und in der Deutschen Gesellschaft für Lesen und Schreiben (DGLS).
Klaus Ottich, Jahrgang 1942, ist Oberstudienrat und arbeitet als Fachlehrer für Deutsch und Geschichte an einem Gymnasium.

Beide Herausgeber sind in der regionalen und überregionalen Fortbildung tätig. Sie haben zahlreiche Bücher und Aufsätze zu den Themen «Zusammenarbeit zwischen Elternhaus und Schule» und «Lernförderung» veröffentlicht und sich intensiv mit der Lern- und Gedächtnisforschung befasst. Im Rowohlt Taschenbuch Verlag sind bereits von ihnen erschienen: «Schülern auf die Sprünge helfen» (Nr. 19775), «Erfolgreich in der Schule» (Nr. 60189) und «Hausaufgaben – so klappt's besser» (Nr. 60491).

Käthe-Ursula Kuhn-Kalms, Jahrgang 1951, ist Fachlehrerin für Deutsch und Englisch. Nach langjähriger Unterrichtstätigkeit in unterschiedlichen Schulformen arbeitet sie jetzt als Konrektorin an einer Grundschule.

Käthe-Ursula Kuhn-Kalms

Deutsch, 5. und 6. Klasse

Grammatik: Satzglieder

rororo
Rowohlt

Die Schreibweise entspricht den Regeln
der neuen Rechtschreibung.

Originalausgabe
Lektorat Katrin Helmstedt und Bernd Gottwald

3. Auflage Dezember 2000

Veröffentlicht im Rowohlt Taschenbuch
Verlag GmbH, Reinbek bei Hamburg, Januar 1997

Umschlaggestaltung Susanne Müller
Illustrationen Christof Tisch
Reihentypografie und Layout Iris Farnschläder
Gedruckt auf Arctic Volume 115 g/qm
der Håfreströms AB Schweden
Gesetzt aus der Minion und Trade Gothic
auf Apple Macintosh in QuarkXPress 3.32
Gesamtherstellung Clausen & Bosse, Leck
Printed in Germany
ISBN 3 499 60181 8

Inhalt

Liebe Eltern,

können Sie inzwischen das Frühlingsgedicht genauso gut aufsagen wie Ihr Kind? Fühlen Sie sich in Ihre eigene Schulzeit zurückversetzt, weil Sie wieder über der Bruchrechnung brüten? Oder versuchen Sie einen französischen Text zu entschlüsseln, obwohl Sie die Sprache selbst kaum beherrschen? Möglicherweise sind Sie in heller Aufregung, denn Ihr Kind hat schon wieder eine «Klassenarbeit verhauen». Vielleicht ist sogar die «Versetzung gefährdet»?

Wie viele Nachmittage haben Sie schon mit Ihrem Kind für die Schule gepaukt, sich Aufgaben ausgedacht, nach Erklärungen gesucht und sich überlegt, ob Lösungswege richtig oder falsch sind? Aber nicht nur das zerrt an Ihren Nerven, auch die Stimmung ist mies. Wenn Sie mit Ihrem Kind gemeinsam für die Schule büffeln, ist dies sicher oft mit Auseinandersetzungen und Tränen verbunden. «Ich kapier das eh nie.» – «Ich will endlich zu meinen Freunden.» – «Mein Lehrer hat mir das aber ganz anders erklärt.» Und Sie hatten sich den Nachmittag wahrscheinlich auch schöner vorgestellt.

Selbst wenn Sie im Moment gestresst und ratlos sind: In der Regel können Kinder jeden Lernstoff begreifen. Wichtig ist, dass durch eine abwechslungsreiche Darbietung des Stoffes individuelles Lernen ermöglicht und Freude an der Auseinandersetzung mit einem Thema gefördert wird. Hier liegt eine Stärke der *klipp & klar Lerntrainer*. Ein weiterer Vorteil ist, dass Ihr Kind mit den *klipp & klar Lerntrainern* **selbständig** arbeiten kann: Der Lernstoff wird verständlich, anschaulich und in kleinen Schritten dargestellt. Lerntipps erleichtern Ihrem Kind das Verstehen, Anwenden und Behalten. Durch Tests und Probeklassenarbeiten wird geprüft, ob das Gelernte auch sicher sitzt. An einigen Stellen ist es sinnvoll, dass Sie Ihre Hilfe anbieten. Dort finden Sie dieses Zeichen (siehe rechts), z. B. bei der Terminplanung für die Wiederholungen.

Mit den *klipp & klar Lerntrainern* können nicht nur erfolgreich Probleme in bestimmten Fächern ausgeräumt werden, sie eignen sich auch hervorragend, wenn Ihr Kind sein Wissen bei einzelnen Themen aufpolieren oder sich gezielt auf eine Klassenarbeit vorbereiten möchte.

Die *klipp & klar Lerntrainer* helfen Ihnen dabei, dass die Nachmittage mit Ihrem Kind wieder entspannter verlaufen.

Walter Kowalczyk und Klaus Ottich

Liebe Lehrerin, lieber Lehrer,

in jeder Klasse begegnen Sie Schülerinnen und Schülern, die Probleme mit bestimmten Themen haben. Besorgte Eltern haben sich an Sie gewandt und um Rat und spezielle Lerntipps gebeten. Viele sind unsicher, wie sie ihr Kind erfolgreich unterstützen können, und fühlen sich beim Erklären schulischer Lerninhalte verständlicherweise überfordert. Das gemeinsame Üben belastet häufig die ganze Familie.
Sicher gibt es auch Schülerinnen und Schüler, denen Sie gern geeignetes Übungsmaterial empfehlen würden, damit sie selbständig Schwächen abbauen und ihre Leistungen verbessern können.

Überzeugen Sie sich selbst: Mit den *klipp & klar Lerntrainern* kann jeder Schüler seine Defizite selbständig aufarbeiten:

- Der Lernstoff wird verständlich, anschaulich und in kleinen Schritten dargestellt.
- Die abwechslungsreiche Darbietung des Stoffes fördert individuelles Lernen und die Motivation sich mit einem Thema auseinander zu setzen.
- Alle Fachbegriffe werden erläutert, so dass Verständnisprobleme gar nicht erst entstehen.
- Lerntipps erleichtern das Verstehen, Anwenden und Behalten.
- Das Üben in sinnvollen Lernetappen unterstützt den Lernerfolg.
- Wiederholungsübungen sichern langfristig den Lernfortschritt.
- Durch Tests und Probeklassenarbeiten wird überprüft, ob das Gelernte auch sitzt.

Und auch Sie selbst können die *klipp & klar Lerntrainer* mit Gewinn nutzen:

- als Vorbereitung für Ihren Unterricht,
- als Differenzierungsmaterial für Ihre Klasse,
- als Lernprogramm für Ihren Förderunterricht.

Wir wünschen Ihnen viel Erfolg für Ihre Arbeit!
Walter Kowalczyk und Klaus Ottich

Liebe Schülerin, lieber Schüler, so kannst du mit diesem Buch arbeiten:

1. Wähle dir ein Thema aus oder beginne gleich auf der nächsten Seite!
2. Lies dir die Erklärungen **genau** durch! Wiederhole sie mit eigenen Worten! So erkennst du, ob du sie wirklich verstanden hast.
3. Nun bearbeite die Übungen bis zum Stoppzeichen! Schreibe mit **Bleistift**, damit du Fehler leichter verbessern kannst! Radiere falsche Lösungen aus und bearbeite diese Aufgaben noch einmal.
4. Wichtig! Kontrolliere und berichtige deine Lösungen **sofort!** Hier ist es sicher hilfreich, wenn deine Eltern, Geschwister… dich dabei unterstützen. Danach: Schluss für heute!
5. Wenn du am nächsten Tag weiterarbeitest, füllst du zunächst den Abschnitt «**Zur Erinnerung**» aus. Jetzt weißt du wieder, worum es geht. (Dann wiederholt sich 2. bis 4.)
6. Die **Wiederholungsübungen** (ab Seite 58) helfen dir den Lernstoff länger zu behalten.
7. Den Abschluss des Buches bilden zwei **Probeklassenarbeiten**. Hier überprüfst du, wie sicher du Satzglieder erkennen und voneinander unterscheiden kannst.

Wenn du in Schwierigkeiten gerätst, bitte deine Eltern, Freunde, Geschwister, Mitschüler oder Lehrer dir zu helfen! Jetzt kann es losgehen!

Wer oder was ...?
Felix
du
der alte Hase
wir
die Schultasche
Wo ...?
in der Küche
in der Schule
dort
im Garten
Was tut ...?
läuft
gibst
fällt
hoppelt
helfen
Wem ...?
ihm
meinem Freund
den Kindern
mir
der Tante

Sätze bestehen aus mehreren Satzgliedern

Sätze bestehen aus mehreren Satzgliedern.
Jedes Satzglied hat eine bestimmte Aufgabe.
Satzglieder beantworten unterschiedliche Fragen.

Beispiel

Am letzten Sonntag	trafen	wir	Felix	im Zoo	mit seinem Bruder.
↓	↓	↓	↓	↓	↓
Wann?	Was taten?	Wer?	Wen?	Wo?	Mit wem?

Es gibt noch mehr Fragen, die Satzglieder beantworten können, z. B.:

Wen oder was …?	Wie lange …?	Woher …?	Wie …?
Warum …?	Weshalb …?	Bis wann …?	Wessen …?

Damit man die unterschiedlichen Satzglieder voneinander unterscheiden kann, haben sie unterschiedliche Namen oder Bezeichnungen, zum Beispiel: Subjekt, Prädikat, Objekt …

Über die Aufgaben und genauen Bezeichnungen der Satzglieder informieren dich die folgenden Kapitel.

Das Subjekt – du findest es in jedem vollständigen Satz

Mit der Frage «**Wer** (bei Lebewesen) **oder was** (bei Gegenständen) tut / ist / hat etwas**?**» findest du den **Satzgegenstand** heraus. Das ist das **Subjekt**! Das **Subjekt** ist ein **Satzglied.** Es kann aus einem oder aus mehreren Wörtern bestehen.

In der folgenden Übung sollst du **alle Subjekte** erkennen und unterstreichen!

Beispiel

Unter der Hecke sitzt der alte Dackel Aldo mit einem Knochen.

Frage: **Wer oder was** sitzt unter der Hecke mit einem Knochen?

Subjekt: der alte Dackel Aldo

Unter der Hecke sitzt **der alte Dackel Aldo** mit einem Knochen.

Du siehst, dass «der alte Dackel Aldo» in der oben gestellten Frage nicht vorkommt. Das ist also das Subjekt, die Antwort auf die Frage «Wer oder was tut etwas?».

Übung 1 Erfrage die Subjekte mit der Frage «**Wer oder was …?».** Achte darauf, dass du die **vollständige** Frage stellst. Schreibe sie auf! Unterstreiche anschließend das Subjekt im Satz!

1. Eines Morgens saß unser Kater Fridolin im Flur.

Frage:	
Subjekt:	

2. Seine Stimme klang erbärmlich.

Frage:

Subjekt:

3. Die Tür war verschlossen.

Frage:

Subjekt:

4. Schnell öffnete ich sie für ihn.

Frage:

Subjekt:

5. Draußen lag eine tote Maus vor der Tür.

Frage:

Subjekt:

6. Die wollte mein treuer Freund mir bringen.

Frage:

Subjekt:

7. Wahrscheinlich hatte er sie in der Nacht gefangen.

Frage:

Subjekt:

8. Eine tote Maus ist wirklich ein tolles Geschenk.

Frage:

Subjekt:

Tipp

Du erkennst:
Ein Subjekt kann aus mehreren Wörtern bestehen.

Überprüfe nun diese Übung mit Hilfe des Lösungsteils!

Stopp!

Schluss für heute! Beginne morgen mit dem Abschnitt «Zur Erinnerung».

Zur Erinnerung

In jedem vollständigen Satz muss ein Prädikat und ein

_______________ enthalten sein.

Das Subjekt erkennt man, wenn man die Frage stellt:

_______________ tut, hat oder ist etwas?

Subjekte können _______________ und Gegenstände

bezeichnen.

Das Subjekt ist ein _______________, das aus einem Wort

oder aus _______________ Wörtern bestehen kann.

Überprüfe nun diese Erinnerung mit Hilfe des Lösungsteils!

Jetzt erfrage das Subjekt im Kopf! Achte darauf, dass du dir auch die **vollständige** Frage stellst.

Beispiel

Vor den Ferien lud mich meine Patentante Sonja auf ihren Bauernhof ein.

Du denkst: **Wer oder was** lud mich vor den Ferien auf ihren Bauernhof ein?

Subjekt: meine Patentante Sonja

Vor den Ferien lud mich **meine Patentante Sonja** auf ihren Bauernhof ein.

Es geht los. Erfrage das Subjekt! Unterstreiche das Subjekt im Satz!
Damit du dir noch einmal deutlich machst, dass Subjekte unterschiedlich lang sein können, trage dann in die rechte Spalte ein, aus wie viel Wörtern die Subjekte bestehen.

Übung 2

	Anzahl der Wörter
1. Meine lieben Eltern erlaubten mir sofort zu fahren.	3
2. Am zweiten Ferientag wartete ich um 10.30 Uhr am Bahnsteig auf den Zug.	
3. Gott sei Dank verlief die Fahrt ohne Probleme.	
4. In Wodendorf holte mich eine unerwartete Gesellschaft vom Bahnhof ab.	
5. Sie war mit der Pferdekutsche gekommen.	
6. Zu meiner Überraschung saßen meine Cousine und mein Cousin auf dem Kutschbock.	
7. Singend fuhr unsere fröhliche Feriengesellschaft zum Hof meiner Tante.	
8. Die Ferien hatten gut begonnen.	

Überprüfe nun diese Übung mit Hilfe des Lösungsteils!

Subjekte, die nicht so leicht zu erkennen sind

Subjekte enthalten oft ein Namenwort (der Hund, ein alter Schrank, Onkel …) oder einen Eigennamen (Sonja, Joachim, Herr Müller …). Diese Wörter werden auch als Nomen oder Substantive bezeichnet. Solche Subjekte sind leicht zu erfragen. Manchmal sind es aber auch nur «kleine» Wörter wie: ich, du, er, sie, es, wir, das, keiner, viele, dieser, dieses, alle …
Dann wird es etwas schwerer.

Beispiel

	Es regnet.
Frage:	**Wer oder was** regnet?
Subjekt:	es

Übung 3 Weil die Bestimmung dieser «kleinen» Subjekte gar nicht immer so leicht ist, schreibe die Fragen nach dem Subjekt auf ein Blatt Papier. Wenn du das Subjekt erkannt hast, unterstreiche es!

1. Draußen schneit es vom Himmel herunter.
   (**Wer oder was** schneit draußen vom Himmel herunter?)
2. Alle freuen sich über den Schnee.
   (**Wer oder was** freut sich über den Schnee?)
3. Er wurde besonders von allen Kindern schon erwartet.
4. Endlich können sie Schneemänner bauen.
5. Das macht ihnen viel Spaß.
6. Niemand stört sie beim Schneespiel.
7. Heute ruft sie keiner ins Haus.
8. Doch einer steht traurig am Fenster.
9. Jan hat eine schlimme Grippe.
10. So etwas nennt man Pech.

Überprüfe nun deine Lösungen!

Stopp!

Schluss für heute! Beginne morgen mit dem Abschnitt «Zur Erinnerung».

Zur Erinnerung

Der Satzgegenstand oder das __________ bezeichnet häufig

__________________ oder ____________________ .

Es können aber auch ___________ Wörter wie ________ ,

________ , __________ , __________ sein.

Auch sie erkennt man, wenn man die Frage stellt:

_____________ tut, hat oder ist etwas?

Ein _______ muss in jedem vollständigen Satz vorkommen.

Überprüfe nun diese Erinnerung mit Hilfe des Lösungsteils!

Teste dich selbst: Subjekt

Jetzt kannst du prüfen, wie sicher du Subjekte erkennen kannst. Stelle dir im Kopf die Frage: **Wer oder was** tut, hat oder ist etwas? Unterstreiche die Antwort (das Subjekt) in jedem Satz, und bezeichne es mit **S**!

Beispiel

Es regnet.

Du denkst: Wer oder was regnet? Subjekt: es

Es regnet.
S

Teste dich selbst

Der erste Ferientag bei Tante Sonja verläuft immer aufregend.

Auf dem Bauernhof wird man jeden Morgen um fünf Uhr vom Hahn geweckt.

Das Wasser kommt jedoch schon aus der Leitung.

Nach dem Frühstück geht die Tante mit mir in die kleine Stube unter dem Dach.

Dort werde ich in den nächsten Wochen wohnen.

Es ist ein sehr gemütliches Zimmer mit schrägen Wänden.

Im letzten Jahr hat mein fleißiger Onkel Robert dort alles erneuert.

Der Einbau der Holzdecke hat ihm den letzten Nerv geraubt.

Eine richtig kuschelige Schlafkoje befindet sich an der rechten Seite.

Ein Schrank, ein Tisch und zwei kleine Sessel füllen den übrigen Raum.

Alle helfen mir beim Auspacken der Sachen.

Musste meine Mutter mir wieder so viele Klamotten mitgeben?

Man kann ja auf dem Hof viel schönere Dinge tun als Koffer auspacken.

Bald ist alles an Ort und Stelle.

Jetzt kann das Abenteuer losgehen.

Überprüfe nun «Teste dich selbst» mit Hilfe des Lösungsteils!

Stopp!

Schluss für heute!

Das Prädikat – immer ein Verb

Mit der Frage «**Was tut/ist/hat** das Subjekt?» findest du die **Satzaussage** heraus. Die Satzaussage ist das **Prädikat**.

Es sagt immer etwas über das Subjekt aus:
Was es **tut**, was es **ist** oder was es **hat**.
Es besteht immer aus **Verben** (Tuwörtern).

Das **Prädikat** ist ein **Satzglied**.

Wir fangen leicht an. Hier sind zwei Beispiele:

Beispiel

Jannis schwimmt.	Die Katzen spielen mit der Wolle.
Frage: **Was tut** Jannis?	*Frage:* **Was tun** die Katzen?
Prädikat: schwimmt	*Prädikat:* spielen

Kreuze alle Pfeile an, die ein Prädikat enthalten!

Übung 4

meine Oma	○	will holen	○
die alte Tasche	○	ist gelaufen	○
durchsuchten	○	eine Mathearbeit	○
wollten helfen	○	schleicht	○
alle	○	Nüsse und Brot	○
Katina	○	tanzen	○

Überprüfe nun diese Übung mit Hilfe des Lösungsteils!

Übung 5

Erfrage die Prädikate!
Denke daran, dass du **nur Verben** (Tuwörter) als Prädikat aufschreibst! Notiere die vollständige Frage und das Prädikat! Unterstreiche anschließend das Prädikat im Satz!

Hilfe

Erinnere dich an die Frage: «Was tut das Subjekt?»

1. Sandra bastelt mit der Mutter eine Futterglocke.

Frage: Was tut Sandra?

Prädikat:

2. Mutter schmilzt das Fett auf dem Herd.

Frage:

Prädikat:

3. Sandra verrührt es mit den Körnern.

Frage:

Prädikat:

4. Sandra füllt es in einen Tontopf.

Frage:

Prädikat:

5. Sie kühlen die Futterglocke auf dem Balkon.

Frage:

Prädikat:

6. Am nächsten Tag hängen sie sie an den Apfelbaum.

Frage:

Prädikat:

Überprüfe nun deine Lösungen!

Stopp!

Schluss für heute! Beginne morgen mit dem Abschnitt «Zur Erinnerung».

Zur Erinnerung

In jedem vollständigen Satz muss ein Subjekt und ein

____________ enthalten sein.

Das Prädikat (die Satzaussage) erkennt man, wenn man die Frage stellt:

____________ das Subjekt?

Das Prädikat besteht immer aus ____________ .

Es sagt uns, was das Subjekt ______ oder ______ oder wie es ______ .

Überprüfe nun diese Erinnerung mit Hilfe des Lösungsteils!

Prädikate, die nicht so leicht zu erkennen sind

Wenn ein Prädikat aus einem Verb besteht, bei dem du dir die Tätigkeit gut vorstellen kannst (gehen, werfen, schreiben), erkennst du es leicht. Es gibt aber auch Prädikate, die aus Verben bestehen, die du nicht so leicht erkennst.
Verben geben nämlich nicht nur an, was jemand **tut**, sondern auch, wie jemand oder etwas **ist** oder ob jemand etwas **hat** oder **wird**.
Auch **haben**, **sein** und **werden** sind Verben.

Übung 6 Unterstreiche in den folgenden Sätzen das Prädikat! Bezeichne es mit **Pr**!

Beispiel

Ich bin in der Schule.

Du denkst: Was tue ich? Prädikat: bin

Ich bin in der Schule.
Pr

Heute ist ein wunderschöner Tag.

Der Himmel ist wolkenlos.

Die Blätter werden grün.

Meine Eltern und ich haben Lust auf eine Spritztour.

Alle sind guter Laune.

Wo ist Poldi, unser Dackel?

Vorhin war er noch da.

Er wird immer frecher.

Überprüfe nun diese Übung mit Hilfe des Lösungsteils!

Stopp!

Schluss für heute!

Das zweiteilige Prädikat: Verben mit Vorsilben

Jetzt wird es etwas schwieriger.
Setze in den folgenden Sätzen ein passendes Prädikat ein!

Susanne ______________________ ihre Geburtstagsfeier vor.

Sie ______________________ allerlei dafür im Supermarkt ein.

Du hast bestimmt geschrieben:
Susanne bereitet ihre Geburtstagsfeier vor.
Sie kauft allerlei dafür im Supermarkt ein.
Ich zeige dir diese Sätze jetzt mit eingerahmten Satzgliedern:

Beispiele

Susanne	bereitet	ihre Geburtstagsfeier	vor.

bereitet … vor. → Pr

Sie	kauft	allerlei	dafür	im Supermarkt	ein.

kauft … ein. → Pr

Du siehst, dass die Wörter «bereitet … vor» und «kauft … ein» durch eine Klammer miteinander verbunden sind.
In der Grundform (im Infinitiv) heißen diese Verben «einkaufen» und «vorbereiten».

Zwischen den zwei Prädikatsteilen steht ein anderes Satzglied oder stehen auch mehrere andere Satzglieder. Das Prädikat **klammert** diese anderen Satzglieder **ein**. Deshalb nennt man ein **zweiteiliges Prädikat** eine **Verbklammer** oder **Prädikatsklammer**.

Übung 7 Jetzt sollst du die Verbklammer selbst bilden.
Trage die Verben, die rechts in Klammern stehen, in die Sätze ein!

Heute		die Ferien		.	(anfangen)
Meine Cousine		mich		.	(einladen)
Ich		schon meinen Koffer		.	(vorbereiten)
Ich		die Kleidung und meine Bücher		.	(hineinlegen)
Meine Schwester		auch heute		.	(wegfahren)
Sie		aber nicht viel Gepäck		.	(mitnehmen)
Unser Vater		das Auto		.	(vorfahren)
Er		uns am Bahnhof		.	(absetzen)

Zeichne jetzt noch die Verbklammer ein. Das Beispiel auf Seite 23 zeigt dir, wie du es machen sollst.

Überprüfe nun diese Übung mit Hilfe des Lösungsteils!

Stopp!

Schluss für heute! Beginne morgen mit dem Abschnitt «Zur Erinnerung».

Zur Erinnerung

Das Prädikat kann aus __________ Teil oder aus __________ Teilen bestehen. Ein zweiteiliges Prädikat nennt man __________ oder __________, weil es andere __________ einklammert.

Beispiele:

Sandra __________ Schlitten. (fahren)

Thomas __________ Skifahren ______ . (vorziehen)

Überprüfe nun diese Erinnerung mit Hilfe des Lösungsteils!

Teste dich selbst: Subjekt und Prädikat

Wie sicher bist du?
Bestimme in den folgenden Sätzen das Subjekt und das Prädikat!
Achte darauf:

Das **Subjekt** erfragst du mit: **Wer oder was** tut, ist oder hat etwas?

Das **Prädikat** erfragst du mit: **Was tut** das Subjekt? (Nur Verben!)

Ich zeige dir an zwei Beispielen, wie du das machen sollst:

Beispiele

Zum Geburtstag bekommmt (Pr) Tina (S) Rollerblades.

Jetzt fange ich (S) mit den Hausaufgaben an. (fange … an: Pr)

Teste dich selbst

Zuerst schaue ich mich auf dem Hof um.

Alles ist wie im vorigen Jahr.

Natürlich empfängt mich der alte Rex gleich mit Gebell.

Er hat schon viele graue Haare.

Onkel Robert fährt gerade den Traktor aus der Scheune.

Vielleicht nimmt er mich ein Stück mit.

Jetzt fangen die Ferien wirklich an.

Ich sitze neben meinem Onkel im Fahrerhaus.

Da beginnt die erste Katastrophe.

Eine Wespe schwirrt um unsere Köpfe.

Ich schreie laut auf.

Aber mein mutiger Onkel gibt anständig Gas.

Da kommt die Wespe nicht mit.

Das ist unser Glück.

Die Arbeit auf dem Feld kann jetzt beginnen.

Überprüfe nun «Teste dich selbst» mit Hilfe des Lösungsteils!

Das zweiteilige Prädikat: zwei Verben

Es gibt noch andere zweiteilige Prädikate:

Beispiel

Meine Tante <u>hat</u> mich <u>eingeladen</u>.

Pr

Hier besteht die Verbklammer aus **zwei verschiedenen Verben** (hat ... eingeladen). Sie gehören zusammen, weil sie die Zeitform des Perfekts (vollendete Gegenwart) bilden. Das Perfekt berichtet darüber, was bereits geschehen ist.

Beispiel

Meine Tante <u>will</u> mich <u>einladen</u>.

Pr

Auch hier besteht das Prädikat aus **zwei verschiedenen Verben**.

Meine Tante **will** ➛ sie hat den Wunsch, die Absicht

Was will sie? ➛ mich **einladen**

Du siehst, diese zwei Verben gehören eng zusammen.
Es ist genauso bei: können, wollen, sollen, dürfen oder müssen.

Übung 8

Bei der folgenden Übung besteht das Prädikat immer aus **zwei** verschiedenen **Teilen** oder **zwei** verschiedenen **Verben**. Zeichne die Prädikatsklammer ein!

Nächste Woche will mein Vater ein Auto kaufen.

Meine Mutter möchte gern einen blauen Kombi haben.

Aber Vater hat schon einen roten Wagen bestellt.

Wir Kinder halten uns aus der Sache heraus.

Unsere alte Rostlaube hat uns auch gefallen.

Sie sieht aber schon sehr verbeult aus.

Mit dem neuen Wagen werden wir einen Ausflug machen.

Wir Kinder dürfen das Ziel bestimmen.

Überprüfe nun deine Lösungen!

Stopp!

Schluss für heute! Beginne morgen mit dem Abschnitt «Zur Erinnerung».

Zur Erinnerung

Ein vollständiger Satz benötigt wenigstens zwei

________________ .

Das __________ ist der Satzgegenstand.

Mit der Frage ____________ findest du es heraus.

Das __________ ist die Satzaussage.

Mit der Frage ____________ findest du es heraus.

Subjekt und Prädikat können aus ______ Wort oder aus __________ Wörtern bestehen.

Überprüfe nun diese Erinnerung mit Hilfe des Lösungsteils!

Teste dich selbst: Subjekt und Prädikat

Hier kannst du überprüfen, wie sicher du Subjekte und Prädikate bestimmen kannst.
Erfrage diese Satzglieder in Gedanken! (Formuliere in Gedanken die vollständige Frage!)
Unterstreiche sie! Bezeichne sie mit **S** bzw. **Pr**!

Beispiel

Diese Satzglieder kann ich schon sicher bestimmen.

S: ich

Pr: kann … bestimmen

Teste dich selbst

In einem Schloss lebten vor langer Zeit viele Gespenster.

Sie sahen ähnlich aus. Nur ein kleines Gespenst

war mit einem schwarzen Umhang geboren worden.

Die anderen Gespensterkinder ärgerten es oft deswegen.

Eines Nachts wollten sie die Schlossbewohner erschrecken.

Diese konnten sie aber schon von weitem erkennen.

Die Chance für unser kleines schwarzes Gespenst

war endlich gekommen. Wegen seines dunklen Umhangs

sah man es erst im letzten Augenblick.

Es schwebte auf den Schlossherrn zu. Nach dessen lautem

Aufschrei wurde unser kleiner Held von allen bewundert.

Überprüfe nun «Teste dich selbst» mit Hilfe des Lösungsteils!

Das Objekt – eine Ergänzung, die manches klärt

Die folgenden Bilder zeigen dir **Ergänzungen (Objekte)** zum Verb.
Wen oder was putze ich?
Wem habe ich einen Hot Dog gegeben?
Bei wem oder was habe ich dem Clown geholfen?

Ich putze den  .

Dem  habe ich einen 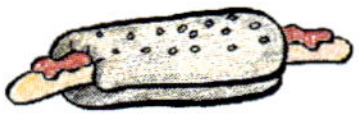 gegeben.

Ich habe dem  beim  pflücken geholfen.

Erinnere dich an das, was du gerade gelernt hast.
Ein vollständiger Satz besteht aus **mindestens zwei Satzgliedern**.
Das Subjekt und das Prädikat gehören immer dazu:

Meine Freundin Jenny (Subjekt)	kommt. (Prädikat)

Es gibt Prädikate, die man mit einem weiteren Satzglied ergänzen kann.
Diese Ergänzungen nennt man **Objekte** (Satzergänzungen).

Ich verlange … — Wen oder was verlangst du? (Geld, eine Antwort, …?)

Ich danke … — Wem dankst du? (Mir, deiner Schwester, …?)

Ich gehe …

Wohin gehst du? (Ins Kino, auf den Sportplatz, …?)

Du siehst, dass man manchmal etwas nicht verstehen kann, wenn die Ergänzung (das Objekt) fehlt.

Übung 9

Lies dir den folgenden Text durch! Du weißt nicht genau, was da passiert ist, weil einige Objekte (Ergänzungen) fehlen.
Füge in den Lückentext sinnvolle Objekte ein!

Ronny besucht ______.

Er will ______ seine CD zurückbringen. Als er klingelt,

hört er gar ______. Sie waren doch aber verabredet.

Plötzlich hört er doch ______.

Er läuft schnell um das Haus und sieht

______ weglaufen.

Was soll er jetzt tun? Soll er ______ verfolgen?

seinen Freund Thomas

sie

eine fremde Person

ihm

nichts

ein Geräusch

Überprüfe nun diese Übung mit Hilfe des Lösungsteils!

Das Akkusativobjekt

Mit der Frage «**Wen oder was ...?**» findest du das **Akkusativobjekt** heraus. Dieses Objekt steht im **4. Fall.** Das **Akkusativobjekt** ist ein **Satzglied.** Es kann aus einem oder aus mehreren Wörtern bestehen.

Ich zeige dir an zwei Beispielen, wie man das Akkusativobjekt bestimmen kann.

Beispiel

Ronny verfolgt die fremde Person ohne langes Zögern.

Frage: **Wen oder was** verfolgt Ronny ohne langes Zögern?

Akkusativobjekt: die fremde Person

Blitzschnell überquert er den Rasen.

Frage: **Wen oder was** überquert er blitzschnell?

Akkusativobjekt: den Rasen

Übung 10

Kreuze alle Pfeile an, die ein Akkusativobjekt enthalten! (Wen oder was sehe ich?)

einen Stock	○	Rudi Rüssel	○
Herr Meier	○	einer Frau	○
Herrn Meier	○	dir	○
die Katzen	○	die Sonne	○
meinem Freund	○	einem Kind	○

Überprüfe nun diese Übung mit Hilfe des Lösungsteils!

Übung 11

Jetzt bist du an der Reihe!
Erinnere dich an die Frage: «Wen oder was ...?»
Notiere die vollständige Frage und das Akkusativobjekt!
Unterstreiche anschließend das Akkusativobjekt im Satz!

1. Der Mann verlässt den Garten über die Mauer.

Frage:

Akkusativobjekt:

2. Ronny verfolgt den Fremden, so schnell er kann.

Frage:

Akkusativobjekt:

3. Da sieht er ein Polizeiauto herankommen.

Frage:

Akkusativobjekt:

4. Die Polizisten sehen den Jungen winken.

Frage:

Akkusativobjekt:

5. Sie stoppen ihren Streifenwagen.

Frage:

Akkusativobjekt:

6. Sie winken Ronny zu sich her.

Frage:

Akkusativobjekt:

Überprüfe nun diese Übung mit Hilfe des Lösungsteils!

Stopp!

Schluss für heute! Beginne morgen mit dem Abschnitt «Zur Erinnerung».

Zur Erinnerung

Satzergänzungen nennt man ____________ .

Das Objekt im 4. Fall heißt ____________ .

Um dieses Objekt herauszufinden stellt man die Frage:

____________ ?

Es kann aus ____________ Wort oder aus ____________ Wörtern bestehen.

Überprüfe nun diese Erinnerung mit Hilfe des Lösungsteils!

Akkusativobjekte, die nicht so leicht zu erkennen sind

Akkusativobjekte enthalten ganz häufig ein Nomen (den Hund, einen alten Schrank, Onkel ...) oder einen Eigennamen (Sonja, Joachim, Herrn Müller ...).
Diese Akkusativobjekte sind leicht zu erfragen.
Manchmal sind es aber auch «kleine» Wörter wie dich, ihn, keinen, es, dieses, euch, alles, viele, manche, jemanden, sie, das ...
Dann fällt das Erkennen schwerer.

Beispiel

Ich sehe es.

Frage: **Wen oder was** sehe ich?

Akkusativobjekt: es

Weil das Herausfinden dieser Objekte nicht so leicht ist, schreibe die Frage nach dem Akkusativobjekt auf ein Blatt Papier. Wenn du das Akkusativobjekt in den folgenden Einzelsätzen erkannt hast, unterstreiche es!

Übung 12

Gestern traf ich jemanden auf dem Markt.
(**Wen oder was ...?**)

Ich kann alles reparieren.

Petra lädt uns zum Geburtstag ein.

Ich sehe das nicht ein.

Meine Freundin wollte mir einiges zeigen.

Dies hätte ich gern.

Kann ich mehr haben?

Ich gebe es dir nicht.

Überprüfe nun diese Übung mit Hilfe des Lösungsteils!

Stopp!

Schluss für heute! Beginne morgen mit dem Abschnitt «Zur Erinnerung».

Zur Erinnerung

Die Ergänzung im 4. Fall nennt man auch ______________ - ______________.

Es enthält häufig __________ oder ______________ .

Es kann aber auch aus «kleinen» Wörtern wie ______ , ______ , ______ , ______ , ______ bestehen.

Auch sie erkennt man, wenn man die Frage stellt:

______________________ ?

Überprüfe nun diese Erinnerung mit Hilfe des Lösungsteils!

Übung 13 Bestimme jetzt die Akkusativobjekte im Kopf. Unterstreiche sie und bezeichne sie mit **AO**!

Beispiel

Vater mäht den Rasen immer am Samstag.

Du denkst: **Wen oder was** mäht Vater immer am Samstag?

Akkusativobjekt: den Rasen

Vater mäht <u>den Rasen</u> (AO) immer am Samstag.

Die Polizisten fragen Ronny, was los sei.

Sie nehmen sofort die Verfolgung auf.

Die Polizisten können den Täter nirgends entdecken.

Sie schlagen den Weg ein, der zu Thomas' Haus führt.

Dort betreten sie durch die Terrassentür das Haus.

Sie finden ein großes Durcheinander vor.

Überprüfe nun diese Übung mit Hilfe des Lösungsteils!

Teste dich selbst: Subjekt, Prädikat und Akkusativobjekt

Wir wollen sehen, wie es Ronny weiter erging.

1. Die Polizisten suchen weitere Einbrecher.
2. Aber das Haus ist leer.
3. Einer ruft Thomas' Vater an.
4. Nach zehn Minuten reißt der Vater die Tür auf.
5. Sein Schreck ist riesengroß.
6. Alle durchsuchen nun die Zimmer.
7. Nichts fehlt.
8. Ronny hat die Familie vor Schaden bewahrt.

Teste dich selbst

Wie sicher bist du? Trage nun die Subjekte, Prädikate und Akkusativobjekte ein! Die Nummern der Zeilen entsprechen den Nummern der Sätze. Ein Akkusativobjekt muss nicht in jedem Satz vorkommen. Das heißt, hier bleiben einige Zeilen leer.

Hilfe

Subjekt:
Wer oder was …?
Prädikat:
Was tut …?
Akkusativ:
Wen oder was …?

Subjekte	Prädikate	Akkusativobjekte
1. ______	1. ______	1. ______
2. ______	2. ______	2. ______
3. ______	3. ______	3. ______
4. ______	4. ______	4. ______
5. ______	5. ______	5. ______
6. ______	6. ______	6. ______
7. ______	7. ______	7. ______
8. ______	8. ______	8. ______

Überprüfe nun deine Lösungen!

Das Dativobjekt

Mit der Frage «**Wem …?**» findest du das **Dativobjekt** heraus. Dieses Objekt steht im **3. Fall**.
Das **Dativobjekt** ist ein **Satzglied.** Es kann aus einem oder aus mehreren Wörtern bestehen.

Ich zeige dir, wie man das Dativobjekt bestimmen kann.

Beispiele

Thomas' Vater gibt Ronny die Hand.

Frage: **Wem** gibt Thomas' Vater die Hand?

Dativobjekt: Ronny

Er dankt dem Jungen für seine schnelle Reaktion.

Frage: **Wem** dankt er für seine schnelle Reaktion?

Dativobjekt: dem Jungen

Übung 14 Kreuze alle Pfeile an, die ein Dativobjekt enthalten!
(Wem schenke ich ein Buch?)

das Kamel	◯	dem Froschkönig	◯
mir	◯	das Fenster	◯
Herr Schmidt	◯	euch	◯
Herrn Schmidt	◯	die Autos	◯
den Katzen	◯	einer Mannschaft	◯

Überprüfe nun diese Übung mit Hilfe des Lösungsteils!

Erinnere dich an die Frage: «Wem ...?»
Notiere nun die vollständige Frage und das Dativobjekt!
Unterstreiche anschließend das Dativobjekt im Satz!

Übung 15

1. Ronny gibt Thomas' Vater die CD.

Frage:

Dativobjekt:

2. Der will sie seinem Sohn überreichen.

Frage:

Dativobjekt:

3. In diesem Moment steht Ronny seinem Freund gegenüber.

Frage:

Dativobjekt:

4. Sie erzählen Thomas die Geschichte vom Einbruch.

Frage:

Dativobjekt:

5. Der Vater verspricht beiden Kindern eine Überraschung.

Frage:

Dativobjekt:

6. Sie werden dem Abenteuerpark einen Besuch abstatten.

Frage:

Dativobjekt:

Überprüfe nun diese Übung mit Hilfe des Lösungsteils!

Stopp!

Schluss für heute! Beginne morgen mit dem Abschnitt «Zur Erinnerung».

Zur Erinnerung

Satzergänzungen nennt man ______________ .

Das Objekt im 3. Fall heißt ______________________ .

Um dieses Objekt herauszufinden stellt man die Frage:

_________ ?

Es kann aus __________ Wort oder aus ____________

Wörtern bestehen.

Überprüfe nun diese Erinnerung mit Hilfe des Lösungsteils!

Dativobjekte, die nicht so leicht zu erkennen sind

Wie du aus den vorangegangenen Übungen weißt, können Satzglieder aus Nomen, Eigennamen oder «kleinen» Wörtern bestehen.
Das gilt auch für das Dativobjekt.
Da du jetzt schon recht fit bist, hier einige Beispiele: allen, keinem, euch, mir, jedem, uns, denen, ihm, jemandem …

Wir verlassen jetzt Ronny und Thomas. In Übung 16 findest du Einzelsätze, die keine Geschichte erzählen.

Übung 16 Bestimme jetzt die Dativobjekte im Kopf! Unterstreiche sie und bezeichne sie mit **DO**!

Beispiel

Meine Mutter schreibt der Oma jeden Sonntag.

Du denkst: **Wem** schreibt meine Mutter jeden Sonntag?

Dativobjekt: der Oma

Meine Mutter schreibt der Oma (DO) jeden Sonntag.

Petra verspricht der Mutter eine Geburtstagstorte.

Mein Lehrer gibt allen die Hefte zurück.

Ich bestelle meiner Schwester einen Gruß von Alex.

Vater gibt dem Baumhaus einen neuen Anstrich.

Selim sendet uns viele Grüße.

Juliane begegnete gestern der Kelly Family.

Die Kinder erzählen den Eltern von ihrem Klassenausflug.

Zoltan bringt den Nachbarn die geliehene Leiter zurück.

Überprüfe nun diese Übung mit Hilfe des Lösungsteils!

Stopp!

Schluss für heute! Beginne morgen mit dem Abschnitt «Zur Erinnerung».

Dativobjekte, die nicht so leicht zu erkennen sind

Zur Erinnerung

Die Ergänzung im 3. Fall nennt man auch ____________ .

Es enthält häufig __________ oder ______________ .

Es kann aber auch aus kleinen Wörtern wie ________ ,

________ , ________ , ________ , ____________ bestehen.

Auch sie erkennt man, wenn man die Frage stellt:

________ ?

Überprüfe nun diese Erinnerung mit Hilfe des Lösungsteils!

Teste dich selbst: Dativobjekt und Akkusativobjekt

Tipp

Sprich die Endungen (Wem? Wen oder was?) besonders deutlich aus!

Wie sicher bist du?
Du siehst hier viele Dativ- und Akkusativobjekte.
Der Dativ ist der 3. Fall. (Wem …?)
Der Akkusativ ist der 4. Fall. (Wen oder was …?)
Schreibe die Objekte in die richtige Spalte der Tabelle!
Du musst für jede Spalte vier entsprechende Objekte finden.

das Fenster

der alten Dame

es

ihr

die Katze

ihn

der Katze

den Schülern

Tipp

Denke dir eine Beispielfrage für Akkusativobjekte aus!
(**Wen oder was** sehe ich?)
Denke dir eine Beispielfrage für Dativobjekte aus!
(**Wem** gebe ich einen Schubs?)
Dann kannst du leicht erkennen, in welche Spalte die Objekte kommen.

Dativobjekte	Akkusativobjekte

Teste dich selbst

Überprüfe nun «Teste dich selbst» mit Hilfe des Lösungsteils!

Teste dich selbst: Subjekt, Prädikat, Dativ- und Akkusativobjekt

Hilfe

Bei Schwierigkeiten hilft dir das Lernposter auf Seite 44.

Wie sicher bist du?
Manche Satzglieder hast du noch nicht geübt. Sie bleiben deshalb in diesem Text unbearbeitet.
Bestimme jetzt in den folgenden Sätzen alle bekannten Satzglieder (S, Pr, DO, AO)!
Unterstreiche die einzelnen Satzglieder!
Schreibe die richtige Abkürzung darunter!

Beispiel

Endlich hat meine Tante nach langem Warten den Brief bekommen.

hat … bekommen	meine Tante	den Brief
Pr	S	AO

Unsere Familie hat viele Pläne.

Johannes will seinen Freund in Hannover besuchen.

Mutti hat Ulla einen Besuch im Zoo versprochen.

Papa schreibt seinen Freunden Geburtstagseinladungen.

Überprüfe nun deine Lösungen!

Stopp!

Schluss für heute!

Lernposter: Subjekt, Prädikat, Dativobjekt, Akkusativobjekt

Subjekt (1. Fall) **Wer oder was** …?	**Prädikat** (nur Verben) Was **tut / ist / hat** …?	**Dativobjekt** (3. Fall) **Wem** …?	**Akkusativobjekt** (4. Fall) **Wen oder was** …?
Heute bringt **Pia** der Oma die Einkäufe.	Heute **bringt** Pia der Oma die Einkäufe.	Heute bringt Pia **der Oma** die Einkäufe.	Heute bringt Pia der Oma **die Einkäufe.**
Eigennamen: Toni, Frau Becker …	Es sind **immer** nur **Verben**! (z. B. kaufen, tanzen)	**Eigennamen:** Toni, Frau Becker …	**Eigennamen:** Toni, Frau Becker …
Personen / Tiere: mein liebster Onkel, ein Schaffner, das Kaninchen, unsere Katze …	*Achtung!* Es gibt auch **zweiteilige Prädikate** (Verbklammer): Verben mit Vorsilben: einkaufen: kauft … ein weglaufen: läuft … weg (siehe Seite 23) oder zwei Verben: hat … gemacht ist … gekommen will … bestellen muss … schreiben (siehe Seite 27)	**Personen / Tiere:** meinem liebsten Onkel, einem Schaffner, dem Kaninchen, unserer Katze …	**Personen / Tiere:** meinen liebsten Onkel, einen Schaffner, das Kaninchen, unsere Katze …
Gegenstände: meine Schultasche, die defekte Lampe …		**Gegenstände:** meiner Schultasche, der defekten Lampe …	**Gegenstände:** meine Schultasche, die defekte Lampe …
alle **Wörter**, die diese **ersetzen** können: er, alle, jemand, es …		alle **Wörter**, die diese **ersetzen** können: mir, dir, ihm, ihr, uns, ihnen, euch, allen, jemandem …	alle **Wörter**, die diese **ersetzen** können: mich, dich, ihn, sie, uns, euch, alle, diejenigen …

Kopiere und vergrößere dir die Übersicht auf DIN-A3-Format und häng sie über deinen Schreibtisch an die Wand!

Adverbiale Bestimmungen – wichtig für Verabredungen

Adverbiale Bestimmung heißt auf Deutsch **Umstandsbestimmung.** Sie erklärt dir die **Umstände** eines Sachverhaltes genauer, z. B.: Wir essen **um 12.00 Uhr.**
Eine **adverbiale Bestimmung** ist ein **Satzglied.**

Die folgende Darstellung zeigt dir, was adverbiale Bestimmungen zusätzlich aussagen können:

Wann? Wie? Wie lange?

Wir fahren in den Urlaub.

Warum? Mit wem? Wohin?

Wenn man sich gut verständigen will, müssen alle **genaue Angaben** machen, sonst muss man viel nachfragen.
Hier kann es Probleme geben:
Du fragst deine Freundin Ayshe: «Wollen wir uns heute treffen?»
Sie antwortet: «Ich komme.»
Ergebnis: Ayshe steht um drei Uhr am Kino.
Du stehst um vier Uhr an der Eisdiele.
Es wäre wichtig gewesen sich genauer abzusprechen (wann, wo und vielleicht auch wie lange).
Folgende Angaben bestimmen das Prädikat genauer:

Beispiel

Ich komme	**vor den Eingang.**	➛ Ich gebe den **Ort** an.
Ich komme	**um drei.**	➛ Ich gebe die **Zeit** an.
Ich komme	**zu Fuß.**	➛ Ich sage, **wie** ich komme.
Ich komme	**wegen des Regens.**	➛ Ich sage, **warum** ich komme.

↓
Das sind **adverbiale Bestimmungen** (Umstandsbestimmungen).

Adverbiale Bestimmungen antworten auf die Fragen:

Womit?

Wie?

Wo?

Weshalb?

Warum?

Woher?

Auf welche Art und Weise?

Wie lange?

Wie oft?

Wann?

Wohin?

Aus welchem Grund?

Seit wann?

Weswegen?

Bis wann?

Übung 17 Ordne die Fragewörter nun in die Tabelle ein!

Ort	Zeit	Art und Weise	Grund
Wo?	Wann?	Wie?	Warum?

Überprüfe nun diese Übung mit Hilfe des Lösungsteils!

Stopp!

Schluss für heute! Beginne morgen mit dem Abschnitt «Zur Erinnerung».

Zur Erinnerung

Schreibe hier noch einmal die Fragewörter auf, die zu den adverbialen Bestimmungen gehören!

Adverbiale Bestimmung des **Ortes**:

Adverbiale Bestimmung der **Zeit**:

Adverbiale Bestimmung der **Art und Weise**:

Adverbiale Bestimmung des **Grundes**:

Überprüfe nun diese Erinnerung mit Hilfe des Lösungsteils!

Adverbiale Bestimmungen des Ortes und der Zeit

Heute übst du die adverbiale Bestimmung des Ortes und die adverbiale Bestimmung der Zeit richtig zu bestimmen.

Übung 18 Trage folgende adverbiale Bestimmungen in den jeweils richtigen Kasten ein!

bis vor kurzem

seit zwei Wochen

vor Sonnenaufgang

nach England

unter der Brücke

jetzt

aus der Schule

hier

Adverbiale Bestimmung des Ortes Wo? Woher? Wohin?	**Adverbiale Bestimmung der Zeit** Wann? Wie lange? Bis wann? Seit wann? Wie oft?

Überprüfe nun diese Übung mit Hilfe des Lösungsteils!

Die Abkürzung für adverbiale Bestimmungen des **Ortes** ist: **AB-O.**
Die Abkürzung für adverbiale Bestimmungen der **Zeit** ist: **AB-Z.**

Übung 19

Bestimme in den folgenden Sprichwörtern **nur** die adverbialen Bestimmungen des **Ortes** und der **Zeit**!
Unterstreiche sie und bezeichne sie mit **AB-O** oder **AB-Z**!
Du wirst feststellen, dass die adverbialen Bestimmungen aus einem Wort (manchmal, abends) oder aus einer Wortgruppe (in der Küche) bestehen können.

Beispiel

Spinne am Morgen (AB-Z) bringt Kummer und Sorgen.

Jeder kehrt vor seiner Tür.

Es ist noch kein Meister vom Himmel gefallen.

Am Abend wird der Faule fleißig.

Lieber den Spatz in der Hand als die Taube auf dem Dach.

Was du heute kannst besorgen, das verschiebe nicht auf morgen.

Am Ende wird alles gut.

Überprüfe nun deine Lösungen!

Stopp!

Schluss für heute!
Beginne morgen mit dem Abschnitt «Zur Erinnerung».

Zur Erinnerung

Du hast zwei ____________ Bestimmungen kennen gelernt: die ____________ ____________ des ______ (Fragewörter: ____________________ ____________)

und

die ____________ ____________ der ________ (Fragewörter: ____________________).

Adverbiale Bestimmungen können aus ______ Wort oder aus ________ Wörtern bestehen.

Überprüfe nun diese Erinnerung mit Hilfe des Lösungsteils!

Teste dich selbst: Adverbiale Bestimmungen des Ortes und der Zeit

Teste dich selbst

Überprüfe jetzt, wie sicher du die adverbialen Bestimmungen des Ortes und der Zeit kannst!
Unterstreiche sie im folgenden Text und bezeichne sie mit **AB-O** oder **AB-Z**!

Der Rattenfänger von Hameln

Vor vielen Jahren gab es in Hameln eine schreckliche Rattenplage.

Nach kurzer Zeit hatten sich die Ratten in der Stadt ausgebreitet. Nachts krochen sie in die Keller und in die Häuser, am Tag tummelten sie sich in den Gassen und auf den Plätzen. Eines Tages kam ein junger Mann aus einem anderen Teil des Landes. Er versprach, die Stadt sogleich von den Ratten zu befreien. Am Johannistag des Jahres 1284 führte er alle Ratten, die seinem schönen Flötenspiel folgten, in die Weser. Dort ertranken die kleinen Plagegeister. Am nächsten Tag feierten die Hamelner Bürger ein großes Fest bis in die Nacht hinein. Der Bürgermeister und die Ratsherren beschlossen daraufhin dem fremden Mann seinen versprochenen Lohn nicht zu zahlen. Dieser drohte sofort, Rache zu nehmen. Als am folgenden Sonntag alle Bewohner in der Kirche waren, zog er wieder mit seiner Flöte durch die Straßen Hamelns. Aber diesmal folgten ihm die Kinder aus der Stadt hinaus. Sie wurden nie wieder gesehen und seit diesen Tagen erzählen sich die Leute die Sage vom Rattenfänger zu Hameln.

Überprüfe nun «Teste dich selbst» mit Hilfe des Lösungsteils!

Stopp!

Schluss für heute!

Adverbiale Bestimmungen der Art und Weise und des Grundes

Heute arbeitest du an der adverbialen Bestimmung der Art und Weise und an der adverbialen Bestimmung des Grundes.

Übung 20 Trage folgende adverbiale Bestimmungen in den jeweils richtigen Kasten ein!

zu deiner Sicherheit

wegen der Kälte

schnell

ohne Jammern

durch die Ansteckungsgefahr

vor Aufregung

mit Schwung

so heftig

blitzschnell

aus Angst

Adverbiale Bestimmung der Art und Weise Wie? Womit? Auf welche Art und Weise?	**Adverbiale Bestimmung des Grundes** Warum? Weshalb? Aus welchem Grund?

Überprüfe nun diese Übung mit Hilfe des Lösungsteils!

Die Abkürzung für die **a**dverbiale **B**estimmung der **A**rt **u**nd **W**eise ist: **AB-AuW**
Die Abkürzung für die **a**dverbiale **B**estimmung des **G**rundes ist: **AB-G**

Bestimme in den folgenden Sätzen **nur** die adverbialen Bestimmungen der **Art und Weise** und des **Grundes**! Unterstreiche sie und bezeichne sie mit **AB-AuW** und **AB-G**!

Übung 21

Beispiel

Die Autofahrer warteten ungeduldig (AB-AuW). Wegen des starken Regens (AB-G) kam es zu Staus.

Tarek kam vor Müdigkeit nicht aus dem Bett.

Er zwang sich mit aller Kraft aufzustehen.

Er musste heute besonders fit in der Schule sein.

Wegen der bevorstehenden Zeugnisse stand eine Klassenarbeit auf dem Plan.

Gestern hatte er vor lauter Langeweile bis um halb zwölf ferngesehen.

Aus Angst vor Unpünktlichkeit ging er hungrig aus dem Haus.

Mit knurrendem Magen kam er in der Schule an.

Überprüfe nun deine Lösungen!

Du stellst fest: Adverbiale Bestimmungen können aus einem Wort (schnell, müde) oder aus einer Wortgruppe (zu Fuß, ohne zu überlegen) bestehen.

Stopp!

Schluss für heute! Beginne morgen mit dem Abschnitt «Zur Erinnerung».

Zur Erinnerung

Du hast zwei weitere ________________ Bestimmungen

kennen gelernt:

die ________________ _________________________ der

_________________________ (Fragewörter: __________

____)

und

die ________________ _________________________ des

_______________ (Fragewörter: ____________________

____________________________________).

________________ Bestimmungen können aus ______

Wort oder aus _______________ Wörtern bestehen.

Überprüfe nun diese Erinnerung mit Hilfe des Lösungsteils!

Teste dich selbst: Adverbiale Bestimmungen der Art und Weise und des Grundes

Teste dich selbst

Überprüfe jetzt, wie sicher du die adverbialen Bestimmungen der **Art und Weise** und des **Grundes** kannst!
Unterstreiche sie im folgenden Text und bezeichne sie mit **AB-AuW** und **AB-G**!

Der Rattenfänger von Hameln

Vor vielen Jahren holten die Hamelner Bürger wegen einer schrecklichen Rattenplage einen Rattenfänger in die Stadt. Fröhlich ging der junge Mann ans Werk, denn die Ratsherren hatten ihm aus Verzweiflung eine hohe Belohnung versprochen. Er spielte so schön auf seiner Flöte, dass ihm alle Ratten ohne Ausnahme folgten und jämmerlich in der Weser ertranken.

Aus lauter Habgier beschlossen die Ratsherren einstimmig dem Fremden seinen Lohn trotz seines Erfolges nicht zu zahlen. Dieser lockte vor Wut über dieses Verhalten alle Kinder auf hinterlistige Art und Weise mit seinem Flötenspiel an. Voller Vertrauen folgten sie ihm fröhlich durch das Stadttor hinaus und wurden trotz langjährigen Suchens niemals gefunden. Vor lauter Verzweiflung klagten die Eltern jahrelang über den Verlust ihrer Kinder.

Überprüfe nun «Teste dich selbst» mit Hilfe des Lösungsteils!

Stopp!

Schluss für heute!

Teste dich selbst: Adverbiale Bestimmungen

Teste dich selbst Überprüfe jetzt, wie sicher du die adverbialen Bestimmungen kannst! Unterstreiche und benenne (Abkürzungen) **alle** adverbialen Bestimmungen im folgenden Text!

Tipp Suche die einzelnen Arten **nacheinander** heraus!

Der Ritter und die Fee

Vor langer Zeit gab es einen Ritter namens Archibald, der sich vor Einsamkeit schrecklich langweilte. Archibald war schon sehr alt und der König hatte sich vor kurzem einen neuen Ritter erwählt. Laut klagte er vor Langeweile. Plötzlich erschien ihm eine Fee. Neugierig fragte sie: «Was hast du? Du stöhnst und klagst! Was ist los?» Der Ritter konnte ihr in diesem Moment seine Sorgen nicht verheimlichen und sprach: «Ich wünsche mir von ganzem Herzen etwas, womit ich spielen, schreiben, zeichnen und musizieren kann!» Die Fee wirbelte den Zauberstab über ihren Kopf und leise klirrend schwirrte etwas Schweres durch die Luft. Ein viereckiger Kasten landete genau vor Archibalds Füßen. Es war ein Computer. Der Ritter dankte der Fee von ganzem Herzen und trug den Schatz in das Schloss. Jeden Tag spielte er dort vergnügt mit diesem Zaubergeschenk bis an sein Lebensende.

Überprüfe nun deine Lösungen!

Lernposter: Adverbiale Bestimmungen

Adverbiale Bestimmung des Ortes **Wo? Woher? Wohin?**	Adverbiale Bestimmung der Zeit **Wann? Wie lange? Bis wann? Seit wann? Wie oft?**	Adverbiale Bestimmung der Art und Weise **Wie? Auf welche Art und Weise? Womit?**	Adverbiale Bestimmung des Grundes **Warum? Weswegen? Weshalb? Aus welchem Grund?**
Alle Angaben, die auf den Ort einer Handlung hinweisen: nach Amerika unter der Brücke vor die Tür aus der Küche dort	Alle Angaben, die auf den Zeitpunkt oder den Zeitraum einer Handlung hinweisen: nach den Ferien bis morgen jetzt drei Tage lang niemals	Alle Angaben, die auf die Art und Weise einer Handlung hinweisen: voller Vertrauen zögernd träumend mit klopfendem Herzen ohne Bedauern	Alle Angaben, die auf den Grund einer Handlung hinweisen: aus Spaß wegen der Hitze trotz Müdigkeit vor Wut aufgrund der Kosten

Kopiere und vergrößere dir die Übersicht auf DIN-A3-Format und häng sie über deinen Schreibtisch an die Wand!

Wiederholungsübungen

1. Wiederholung

Hilfe

Du hast das Buch fertig bearbeitet. Jetzt hast du zwei Wochen Pause. Trage das Datum des Tages, an dem du mit den Wiederholungsübungen anfangen wirst (heute in zwei Wochen), in die folgende Tabelle und in deinen Kalender (oder in den deiner Eltern) ein! Hake dann alle Übungen, die du erledigt hast, nach und nach in der Tabelle ab! Bearbeite pro Tag zwei Übungen!

1. Wiederholung	Beginn:						
W1.1	**W1.2**	**W1.3**	**W1.4**	**W1.5**	**W1.6**	**W1.7**	**W1.8**

W1.1

Um das Subjekt herauszufinden stellst du die Frage:
Wer oder was tut / hat / ist etwas?
Streiche alle Subjekte durch und ersetze sie durch andere!
Unterstreiche die Prädikate!
Achtung: Prädikatsklammern sind möglich.

Beispiel

ein alter Geist
Im Schloss Staufeneck spukt seit vielen Jahren ~~ein kleines Gespenst~~.

Hilfe

Lies noch einmal in dem entsprechenden Kapitel nach.

Jeden Tag zur Geisterstunde erwacht das kleine Monster zum Leben.

Die Schlossbewohner haben sich noch nicht daran gewöhnt.

Der alte Schlossherr wundert sich jede Nacht über die merkwürdigen Geräusche.

In der Diele klappern die Rüstungen und der Schlosshund jault in seiner Ecke.

Nur der alte Kammerdiener ist schwerhörig und es stört ihn nicht mehr.

Kreuze die Sätze an, in denen die Wörter aus dem Sack **Subjekte** sind! W1.2

- ◯ Im Korb liegt meine Stricknadel nicht.
- ◯ Ich gebe dir meine Stricknadel nicht.
- ◯ Eva steckt einen Korken auf das Ende ihrer Stricknadel.
- ◯ In den Ferien fahre ich nicht weg.
- ◯ Die Ferien fangen dieses Jahr früh an.
- ◯ Ich erwarte die Ferien ungeduldig.
- ◯ Ich bringe meiner Oma einen Blumenstrauß.
- ◯ Heute hilft Oma meiner Mutter im Garten.
- ◯ Wir begleiten Oma immer in die Stadt.
- ◯ Im großen Kasten sind alle Ersatzteile.
- ◯ Peter versetzt dem Kasten einen Fußtritt.
- ◯ Gestern fiel der Kasten krachend vom Tisch.

Überprüfe nun deine Lösungen!

W1.3 Unterstreiche die Prädikatsklammern!
Schreibe das Verb in seiner Grundform (Infinitiv) auf!

Heute fängt das Gespenst schon vor Mitternacht an,	______________
denn Familie Staufenstein geht heute aus.	______________
Es bereitet sich besonders sorgfältig auf den Coup vor.	______________
In der Diele fällt die alte Standuhr krachend um.	______________
Aber die Familie nimmt das Gepoltere nicht mehr wahr.	______________
Der Chauffeur fährt bereits den Wagen vor	______________
und die Familie schreitet die Treppe herunter.	______________
Nur dem Butler jagt das Gespenst einen riesigen Schreck ein.	______________
Klirrend fällt ihm das Tablett mit den Weingläsern hinunter.	______________

W1.4 Um das Akkusativobjekt herauszufinden stellst du die Frage:
Wen oder was ...?
Kreuze in der folgenden Aufgabe alle Akkusativobjekte an!

das Geisterhaus	○	im Keller	○
den Butler	○	der rote Salon	○
ihr	○	den Schlossgarten	○
dem Schlossherrn	○	ihnen	○
um Mitternacht	○	alle Rüstungen	○
uns	○	sein Geheule	○

Überprüfe nun deine Lösungen!

Um das Dativobjekt herauszufinden stellst du die Frage:
Wem …?
Kreuze alle Dativobjekte an!

W1.5

dem Hofhund ◯	um acht ◯
ich ◯	ihm ◯
im Park ◯	den Gästen ◯
uns ◯	euch ◯
der Köchin ◯	die Leuchter ◯
das Gespenst ◯	viele ◯

Unterstreiche alle Dativ- und alle Akkusativobjekte!
Bezeichne sie mit **DO** und **AO**!

W1.6

In der nächsten Woche erwartet das kleine Gespenst Besuch.

Seine Cousine Amanda hat ihm einen Brief geschrieben und ihr Kommen angekündigt. Das Gespenst putzt seine Dachkammer und bezieht Amanda ein frisches Bett. Es plant schon gemeinsame Unternehmungen. Es will seiner Verwandten seinen Spukbezirk zeigen und ihr auch seine Freunde vorstellen. Ob sie ihr auch ein Begrüßungsständchen bringen?

Überprüfe nun
deine Lösungen!

W 1.7 Mit folgenden Fragen kannst du die adverbialen Bestimmungen des Ortes herausfinden: **Wo? Woher? Wohin?**
Mit folgenden Fragen kannst du die adverbialen Bestimmungen der Zeit herausfinden: **Wann? Wie lange? Bis wann? Seit wann? Wie oft?**

Unterstreiche im folgenden Text alle adverbialen Bestimmungen des Ortes und der Zeit! Bezeichne sie mit **AB-O** und **AB-Z**!

Das kleine Gespenst steht um Mitternacht am Fenster und wartet auf seine Cousine. Pünktlich schwebt sie ins Zimmer und bricht erschöpft auf dem Fußboden zusammen. Ihre Reise hat 46 Stunden gedauert und Amanda ist froh endlich im Schloss angekommen zu sein. Aber das kleine Gespenst gönnt ihr nur eine kurze Zeit der Erholung, denn es will sie noch heute Nacht überall herumführen. Sie beginnen sofort im Obergeschoss und begeben sich anschließend in den roten Salon. Hier bricht Amanda endgültig vor dem Kamin zusammen. Die Führung ist vorzeitig beendet.

W 1.8 Mit folgenden Fragen kannst du die adverbialen Bestimmungen der Art und Weise herausfinden:
Wie? Auf welche Art und Weise? Womit?
Mit folgenden Fragen kannst du die adverbialen Bestimmungen des Grundes herausfinden:
Warum? Weswegen? Weshalb? Aus welchem Grund?

Überprüfe nun deine Lösungen!

Unterstreiche alle adverbialen Bestimmungen der Art und Weise und des Grundes! Bezeichne sie mit **AB-AuW** und **AB-G**!

Aus Angst vor Entdeckung zerrt das kleine Gespenst Amanda hinter die Wanduhr, denn mit schwungvollen Schritten naht die Lady, die wegen unheimlicher Geräusche aufgewacht ist. Vor Entsetzen läutet sie schnaufend nach dem Butler.

Der aber schläft aufgrund seiner Schwerhörigkeit tief und fest.

Darum kriecht die Lady verängstigt in ihr Bett, findet aber wegen schlechter Träume keine Ruhe.

2. Wiederholung

Jetzt hast du die «1. Wiederholung» beendet. Du hast nun vier Wochen Pause. Trage das Datum des Tages, an dem du mit den 2. Wiederholungsübungen anfangen wirst (heute in vier Wochen), in die Tabelle und in deinen Kalender (oder in den deiner Eltern) ein!
Verfahre dann genauso wie bei der 1. Wiederholung!

2. Wiederholung	Beginn: ____________						
W 2.1	**W 2.2**	**W 2.3**	**W 2.4**	**W 2.5**	**W 2.6**	**W 2.7**	**W 2.8**

W 2.1 Finde weitere Satzglieder mit Hilfe der Fragewörter!

________ (Wann?) kommt meine Oma ________ (Wo?) an.

Das Open-Air-Gelände befindet sich ________ (Wo?) .

Das Publikum strömt schon ________ (Wie?) durch den Eingang. Oma sucht ________ (Wie?) ________ (Wo?) ihre Eintrittskarte. ________ (Wann?) findet sie sie ________ (Wie?) ________ (Wo?) .

Hilfe

Wenn du nicht weiterkommst, lies noch einmal in dem entsprechenden Kapitel nach.

W 2.2 Entscheide, ob es sich bei den unterstrichenen Wörtern um das Subjekt des Satzes handelt! Kreuze «ja» oder «nein» an! Unterstreiche das Prädikat mit Rot!

	Subjekt ja	nein
Das kleine Gespenst spukt gern <u>im Schloss</u> herum.	○	○
<u>Sein Großvater</u> hatte es ihm schon vor vielen Jahren verboten.	○	○
Aber das kümmerte <u>den kleinen Schlossgeist</u> nicht.	○	○
Vor allem der rote Salon hatte es <u>ihm</u> angetan.	○	○
Hier waren <u>so schöne Ecken und Winkel</u> zum Verstecken.	○	○
Und <u>die alte Lady</u> konnte immer so schön brüllen,	○	○
wenn sie <u>eine Ecke des Gewandes</u> hinter der Standuhr sah.	○	○

Überprüfe nun deine Lösungen!

Streiche alle Akkusativobjekte durch! Ersetze sie durch andere! W 2.3

Beispiel

die Arbeit
Das Gespenst liebt sonntags ~~das Gespuke~~ ganz besonders.

Alle Bewohner essen dann ihr Frühstück im großen Esszimmer. Der Butler bringt die schönsten Speisen und das kleine Gespenst bekommt großen Appetit. Niemand darf das kleine Monster jedoch bemerken. Es wartet also, bis die Familie das Feld räumt. Dann verspeist das kleine Gespenst heimlich die Reste. Die Köchin lobt den Appetit der Familie.

Streiche alle Dativobjekte durch!
Ersetze sie durch andere! W 2.4

Beispiel

den Leuten im Schloss
Das Gespenst hat ~~den Schlossbewohnern~~ schon so manchen Streich gespielt.

Trotzdem haben sich die Kinder des Hauses mit ihm befreundet.

Manchmal stellen sie ihm ein Schälchen Erdnüsse auf die Fensterbank.

Es dankt ihnen lautstark um Mitternacht mit seinem Höllenlärm.

Nur der alten Lady fällt jedes Mal das Gebiss aus dem Mund.

Niemandem verraten die Kinder ihr Geheimnis.

Überprüfe nun
deine Lösungen!

W 2.5 Suche die Verben heraus, nach denen ein Akkusativobjekt, ein Dativobjekt oder beide stehen können.

bedauern danken spenden schenken helfen kaufen
bitten glauben schreiben verzeihen rufen

Akkusativobjekt ____________________
____
____

Dativobjekt ____________________
____
____

beide ____________________
____
____
____
____

W 2.6 Ordne die folgenden adverbialen Bestimmungen richtig zu!

im Rolls-Royce dort vor tausend Jahren mit einem Riesenschwung
dann vor Schreck aus Jux vor dem Schlossgraben heulend
zur Geisterstunde wegen Donner und Blitz auf leisen Sohlen

AB-O ____________________
____
____

AB-Z ____________________
____
____

AB-AuW ____________________
____
____

AB-G ____________________
____
____

Überprüfe nun deine Lösungen!

Rahme die Satzglieder ein und schreibe die Anzahl der Satzglieder dahinter! **W 2.7**

Kurz vor Köln verreckt der Motor. ____

Meine Oma bleibt wie immer ruhig. ____

Sie gibt den vorbeifahrenden Autofahrern Zeichen mit ihrem Taschentuch. ____

Niemand hält. ____

Zufällig fährt ein ADAC-Pannenwagen auf den Randstreifen. ____

In Windeseile hilft der nette Mechaniker meiner Oma mit einem Kanister Benzin aus der Patsche. ____

Eine schwungvolle Oma hat keine Zeit zum Tanken. ____

Bestimme alle Satzglieder, die du kennst! Die fetter gedruckten Wörter sollst du auf keinen Fall bestimmen. **W 2.8**

«**Fritzchen**», knöpfte **sich** der Vater seinen Sprössling vor, «dein Lehrer sagte mir heute, **dass** du **der Schwächste in Geografie** bist!»
«Das stimmt gar nicht», versicherte Fritzchen temperamentvoll, «**denn** ich bin **der Einzige von uns, der** den schweren Globus allein ins Klassenzimmer tragen kann.»

Überprüfe nun deine Lösungen!

Eine gute Vorbereitung: Klassenarbeiten zum Üben

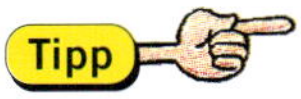

Hier einige Tipps, die dir helfen bessere Klassenarbeiten zu schreiben

Nicht gleich anfangen! Wenn der Aufgabenzettel ausgeteilt ist, solltest du auf keinen Fall sofort zu arbeiten beginnen, sonst gehen dir vielleicht wichtige mündliche Hinweise verloren, die der Lehrer gibt. Solche Hinweise schreibst du nicht auf irgendeinen Zettel, sondern gleich auf das Aufgabenblatt.

Alles durchlesen! Lies die Aufgabenstellung sorgfältig Wort für Wort durch und markiere mit dem Farbstift wichtige Stellen des Arbeitsauftrages. Bei jeder Aufgabe solltest du genau überlegen: Was ist gegeben – was ist verlangt?

Einfälle sofort stichwortartig notieren! Was dir bereits beim Lesen zur Aufgabenlösung einfällt, notiere gleich auf dem Blatt neben der Aufgabe – und zwar leserlich.

Die Zeit einteilen! Teile die Zeit entsprechend der Anzahl der Aufgaben ein. Solltest du innerhalb der geplanten Zeit die Aufgabe nicht lösen können, fange mit der nächsten an.

Vom Leichten zum Schweren! Bearbeite erst die Aufgaben, die du auf Anhieb lösen kannst; dann legt sich auch deine Aufregung.

Genau abschreiben! Wenn du z. B. ein vorgegebenes Satzglied einfügen sollst, passieren leicht Abschreibfehler. Das kann schon einen Punktabzug bedeuten.

Eine Probe machen! Das fertige Ergebnis solltest du noch einmal überprüfen. Vergleiche deine Lösung mit der Fragestellung der Aufgabe. Stellst du dabei fest, dass Wesentliches fehlt oder falsch ist, kannst du wenigstens noch kurz angeben, wie die Lösung aussehen könnte. Falsches streichst du durch.

Für die Klassenarbeiten in diesem Band hast du 45 Minuten Zeit. Arbeite bitte nicht länger, damit du eine realistische Einschätzung deines Arbeitstempos bekommst. Die Bewertungspunkte stehen jedes Mal rechts neben der Aufgabe. Am Ende der Arbeit erfährst du, wie du deine Gesamtpunktzahl und deine Zensur ermittelst.

Grammatikarbeit Nr. 1

Welche Frage gehört zu welchem Satzglied?
Schreibe die richtige Nummer davor!

Aufgabe 1
8 Punkte

1. Wann? Wie lange? Wie oft?	__	Subjekt
2. Wo? Wohin? Woher?	__	Prädikat
3. Wer oder was?	__	Akkusativobjekt
4. Wem?	__	adverbiale Bestimmung der Zeit
5. Auf welche Art und Weise? Wie?	__	adverbiale Bestimmung des Grundes
6. Was tut jemand? Was passiert?	__	Dativobjekt
7. Warum? Wieso? Weshalb?	__	adverbiale Bestimmung des Ortes
8. Wen oder was?	__	adverbiale Bestimmung d. Art u. Weise

Unterstreiche in den folgenden Sätzen die Subjekte, Prädikate, Dativobjekte und Akkusativobjekte!
Bezeichne sie mit S, Pr, DO oder AO!

Aufgabe 2
14 Punkte

1. Susanne und ihre Mutter backen Kuchen.
2. Sie bereiten Susannes Geburtstagsfeier vor.
3. Ihre Freundinnen bringen ihr kleine Geschenke mit.
4. Ein neues Fahrrad haben die Eltern der Tochter geschenkt.

Aufgabe 3 Trage die adverbialen Bestimmungen in die richtige Spalte ein!
8 Punkte

trotz Fieber

vor zwei Tagen

aus Angst

ohne Zögern

dort

im Dorf

lachend

immer

adverbiale Bestimmung			
des Ortes	der Zeit	der Art u. Weise	des Grundes

Aufgabe 4 Trage die fehlenden Satzglieder ein.
9 Punkte
Beachte die Angaben unter den Lücken!

1. Der Lehrer verteilte ____________ (AB-Z) ____________ (AO) in der Klasse.

2. ____________ (S) gibt ____________ (DO) einen Kuss.

3. Die Kinder ____________ (Pr) dem Nachbarn ____________ (AB-O) einen Streich ____________ (Pr).

4. Sie laufen ____________ (AB-AuW) mit ihren Sporttaschen ____________ (AB-O) ____________.

Denke dir passende Satzglieder aus. Schreibe in die Klammer, wie dieses Satzglied heißt.

Aufgabe 5
8 Punkte

1. Der Lehrer verteilt ______________ . (______________)
2. Die Jungen ______________ auf dem Hof Fußball. (______________)
3. Peter zeigt ______________ sein neues Zimmer. (______________)
4. Morgen Abend gehen ______________ ins Kino. (______________)

Rahme die Satzglieder ein! Schreibe ihre Anzahl dahinter!

Aufgabe 6
11 Punkte

In den Sommerferien fahren wir mit unserer ganzen Familie nach Österreich. ____ Peter und seine Freunde spielen nachmittags oft Fußball auf dem Pausenhof. ____

Überprüfe nun deine Lösungen!

Bewertung

Du kannst insgesamt 58 Punkte erreichen. Pro Fehler musst du einen Punkt abziehen. Rechne nun deine Punkte zusammen.

Ich habe [ ] von 58 Punkten.

Punkte	58–56	55–47	46–38	37–29	28–15	14–0
Zensur	1	2	3	4	5	6

Nach diesem Bewertungsmaßstab kannst du deine Leistungen einschätzen.

Grammatikarbeit Nr. 2

Aufgabe 1
8 Punkte

Schreibe die richtigen Fragewörter hinter die angegebenen Satzglieder!

1. Subjekt ______________________
2. Prädikat ______________________
3. Dativobjekt ______________________
4. Akkusativobjekt ______________________
5. adverbiale Bestimmung des Ortes ______________________
6. adverbiale Bestimmung der Zeit ______________________
7. adverbiale Bestimmung der Art und Weise ______________________
8. adverbiale Bestimmung des Grundes ______________________

Aufgabe 2
14 Punkte

Unterstreiche in den folgenden Sätzen die Subjekte, Prädikate, Dativobjekte und Akkusativobjekte!
Bezeichne sie mit S, Pr, DO oder AO!

1. Der Hausmeister schließt morgens mit einem großen Schlüssel die Schule auf.
2. Die Schüler machen ihm durch ihr Gedränge jeden Morgen Schwierigkeiten.
3. Sie betreten das Gebäude vor dem Klingelzeichen.
4. Der Schulleiter hat den Kindern schon Strafen angedroht.

Trage die adverbialen Bestimmungen in die richtige Spalte ein!

Aufgabe 3
17 Punkte

Heute Morgen hat mein Wecker erst um sieben Uhr geklingelt. Schlaftrunken torkelte ich ins Bad und lief vor Müdigkeit gegen den Schrank. Aber zehn Minuten später saß ich hellwach am Frühstückstisch und aß ein leckeres Brötchen, das mir meine Mutter trotz der Hektik geschmiert hatte. In aller Eile sauste ich zur Bushaltestelle und erreichte in letzter Minute den Schulbus. Wegen einer Umleitung dauerte die Fahrt eine halbe Stunde und ich kam außer Atem in der Schule an.

adverbiale Bestimmung			
des Ortes	der Zeit	der Art u. Weise	des Grundes

Aufgabe 4 12 Punkte

Rahme die Satzglieder ein! Bestimme ihre Anzahl!

In der nächsten Woche schenke ich meiner Freundin einen Einkaufsbummel in Hannover. ◯

Die Schüler der Klasse 5a verrieten gestern ihrem Lehrer voller Ungeduld die Geburtstagsüberraschung. ◯

Aufgabe 5 8 Punkte

Bilde mit den vorgegebenen Satzgliedern sinnvolle Sätze!

1. ______ (AB-Z) ______ (Pr)

______ (S) ______ (AO)

2. ______ (AB-G) ______ (Pr)

______ (S) ______ (AB-O)

Überprüfe nun deine Lösungen!

Bewertung

Du kannst insgesamt 59 Punkte erreichen. Pro Fehler musst du einen Punkt abziehen. Rechne nun deine Punkte zusammen.

Ich habe ☐ von 59 Punkten.

Nach diesem Bewertungsmaßstab kannst du deine Leistungen einschätzen.

Punkte	59–57	56–48	47–38	37–28	27–15	14–0
Zensur	1	2	3	4	5	6

Zum Vergleichen: Die Lösungen

Lösungen zu Übung 1

Seite 12/13

1. Eines Morgens saß unser Kater Fridolin im Flur.
   Frage: Wer oder was saß eines Morgens im Flur?
   Subjekt: *unser Kater Fridolin*
2. Seine Stimme klang erbärmlich.
   Frage: Wer oder was klang erbärmlich?
   Subjekt: *seine Stimme*
3. Die Tür war verschlossen.
   Frage: Wer oder was war verschlossen?
   Subjekt: *die Tür*
4. Schnell öffnete ich sie für ihn.
   Frage: Wer oder was öffnete sie schnell für ihn?
   Subjekt: *ich*
5. Draußen lag eine tote Maus vor der Tür.
   Frage: Wer oder was lag draußen vor der Tür?
   Subjekt: *eine tote Maus*
6. Die wollte mein treuer Freund mir bringen.
   Frage: Wer oder was wollte die mir bringen?
   Subjekt: *mein treuer Freund*
7. Wahrscheinlich hatte er sie in der Nacht gefangen.
   Frage: Wer oder was hatte sie wahrscheinlich in der Nacht gefangen?
   Subjekt: *er*
8. Eine tote Maus ist wirklich ein tolles Geschenk.
   Frage: Wer oder was ist wirklich ein tolles Geschenk?
   Subjekt: *eine tote Maus*

Radiere falsche Lösungen aus oder streiche sie durch. Bearbeite diese Aufgaben noch einmal.

Lösungen zu «Zur Erinnerung»

Seite 14

In jedem vollständigen Satz muss ein Prädikat und ein *Subjekt* enthalten sein.
Das Subjekt erkennt man, wenn man die Frage stellt:
Wer oder was tut, hat oder ist etwas?
Subjekte können *Lebewesen* und Gegenstände bezeichnen. Das Subjekt ist ein *Satzglied*, das aus einem Wort oder aus *mehreren* Wörtern bestehen kann.

Lösungen zu Übung 2

Seite 15

1. Meine lieben Eltern erlaubten mir sofort zu fahren. (Wortanzahl: 3)
2. Am zweiten Ferientag wartete ich um 10.30 Uhr am Bahnsteig auf den Zug. (1)
3. Gott sei Dank verlief die Fahrt ohne Probleme. (2)
4. In Wodendorf holte mich eine unerwartete Gesellschaft vom Bahnhof ab. (3)
5. Sie war mit der Pferdekutsche gekommen. (1)
6. Zu meiner Überraschung saßen meine Cousine und mein Cousin auf dem Kutschbock. (5)

7. Singend fuhr unsere fröhliche Feriengesellschaft zum Hof meiner Tante. (3)
8. Die Ferien hatten gut begonnen. (2)

Seite 16 **Lösungen zu Übung 3**

1. Draußen schneit es vom Himmel herunter. (*Wer oder was* schneit draußen vom Himmel herunter?)
2. Alle freuen sich über den Schnee. (*Wer oder was* freut sich über den Schnee?)
3. Er wurde besonders von allen Kindern schon erwartet. (*Wer oder was* wurde besonders von allen Kindern schon erwartet?)
4. Endlich können sie Schneemänner bauen. (*Wer oder was* kann endlich Schneemänner bauen?)
5. Das macht ihnen viel Spaß. (*Wer oder was* macht ihnen viel Spaß?)
6. Niemand stört sie beim Schneespiel. (*Wer oder was* stört sie beim Schneespiel?)
7. Heute ruft sie keiner ins Haus. (*Wer oder was* ruft sie heute ins Haus?)
8. Doch einer steht traurig am Fenster. (*Wer oder was* steht doch traurig am Fenster?)
9. Jan hat eine schlimme Grippe. (*Wer oder was* hat eine schlimme Grippe?)
10. So etwas nennt man Pech. (*Wer oder was* nennt so etwas Pech?)

Seite 17 **Lösungen zu «Zur Erinnerung»**

Der Satzgegenstand oder das *Subjekt* bezeichnet häufig *Lebewesen* oder *Gegenstände*.
Es können aber auch *kleine* Wörter wie *man, sie, niemand, keiner, alle* sein.
Auch sie erkennt man, wenn man die Frage stellt:
Wer oder was tut, hat oder ist etwas?
Ein *Subjekt* muss in jedem vollständigen Satz vorkommen.

Seite 17/18 **Lösungen zu «Teste dich selbst: Subjekt»**

Der erste Ferientag bei Tante Sonja verläuft immer aufregend.
s

Auf dem Bauernhof wird man jeden Morgen um fünf Uhr vom Hahn geweckt.
s

Das Wasser kommt jedoch schon aus der Leitung.
s

Nach dem Frühstück geht die Tante mit mir in die kleine Stube unter dem Dach.
s

Dort werde ich in den nächsten Wochen wohnen.
s

Es ist ein sehr gemütliches Zimmer mit schrägen Wänden.
s

Im letzten Jahr hat mein fleißiger Onkel Robert dort alles erneuert.
s

Der Einbau der Holzdecke hat ihm den letzten Nerv geraubt.
s

Eine richtig kuschelige Schlafkoje befindet sich an der rechten Seite.
s

Ein Schrank, ein Tisch und zwei kleine Sessel füllen den übrigen Raum.
s

Alle helfen mir beim Auspacken der Sachen.
s

Musste meine Mutter mir wieder so viele Klamotten mitgeben?
s

Man kann ja auf dem Hof viel schönere Dinge tun als Koffer auspacken.
s

Bald ist alles an Ort und Stelle.
S

Jetzt kann das Abenteuer losgehen.
S

Lösungen zu Übung 4

Seite 19

meine Oma	○	will holen	⊗
die alte Tasche	○	ist gelaufen	⊗
durchsuchten	⊗	eine Mathearbeit	○
wollten helfen	⊗	schleicht	⊗
alle	○	Nüsse und Brot	○
Katina	○	tanzen	⊗

Lösungen zu Übung 5

Seite 20

1. Sandra bastelt mit der Mutter eine Futterglocke.
   Frage: Was tut Sandra?
   Prädikat: *bastelt*
2. Mutter schmilzt das Fett auf dem Herd.
   Frage: Was tut die Mutter?
   Prädikat: *schmilzt*
3. Sandra verrührt es mit den Körnern.
   Frage: Was tut Sandra?
   Prädikat: *verrührt*
4. Sandra füllt es in einen Tontopf.
   Frage: Was tut Sandra?
   Prädikat: *füllt*
5. Sie kühlen die Futterglocke auf dem Balkon.
   Frage: Was tun sie?
   Prädikat: *kühlen*
6. Am nächsten Tag hängen sie sie an den Apfelbaum.
   Frage: Was tun sie?
   Prädikat: *hängen*

Radiere falsche Lösungen aus oder streiche sie durch. Bearbeite diese Aufgaben noch einmal.

Lösungen zu «Zur Erinnerung»

Seite 21

In jedem vollständigen Satz muss ein Subjekt und ein *Prädikat* enthalten sein.
Das Prädikat (die Satzaussage) erkennt man, wenn man die Frage stellt:
Was tut/hat/ist das Subjekt?
Das Prädikat besteht immer aus *Verben.*
Es sagt uns, was das Subjekt *tut oder hat* oder wie es *ist.*

Lösungen zu Übung 6

Seite 22

Heute ist ein wunderschöner Tag.
Pr

Der Himmel ist wolkenlos.
Pr

Die Blätter werden grün.
Pr

Meine Eltern und ich haben Lust auf eine Spritztour.
Pr

Alle sind guter Laune.
Pr

Wo ist Poldi, unser Dackel?
Pr

Vorhin war er noch da.
Pr

Er wird immer frecher.
Pr

Seite 24 **Lösungen zu Übung 7**

Heute fangen die Ferien an.
Pr

Meine Cousine lädt mich ein.
Pr

Ich bereite schon meinen Koffer vor.
Pr

Ich lege die Kleidung und meine Bücher hinein.
Pr

Meine Schwester fährt auch heute weg.
Pr

Sie nimmt aber nicht viel Gepäck mit.
Pr

Unser Vater fährt das Auto vor.
Pr

Er setzt uns am Bahnhof ab.
Pr

Seite 25 **Lösungen zu «Zur Erinnerung»**

Das Prädikat kann aus *einem* Teil oder aus *mehreren* Teilen bestehen.
Ein zweiteiliges Prädikat nennt man *Verbklammer* oder *Prädikatsklammer*, weil es andere *Satzglieder* einklammert.

Beispiele: Sandra *fährt* Schlitten. (fahren)
Thomas *zieht* Skifahren *vor.* (vorziehen)

Seite 26 **Lösungen zu «Teste dich selbst: Subjekt und Prädikat»**

Zuerst schaue ich mich auf dem Hof um.
S Pr

Alles ist wie im vorigen Jahr.
S Pr

Natürlich empfängt mich der alte Rex gleich mit Gebell.
Pr S

Er hat schon viele graue Haare.
S Pr

Onkel Robert fährt gerade den Traktor aus der Scheune.
S Pr

Vielleicht nimmt er mich ein Stück mit.
S Pr

Jetzt fangen die Ferien wirklich an.
S Pr

Ich sitze neben meinem Onkel im Fahrerhaus.
S Pr

Da beginnt die erste Katastrophe.
Pr S

Eine Wespe schwirrt um unsere Köpfe.
S Pr

Ich schreie laut auf.
S Pr

Aber mein mutiger Onkel gibt anständig Gas.
S Pr

Da kommt die Wespe nicht mit.
S Pr

Das ist unser Glück.
S Pr

Die Arbeit auf dem Feld kann jetzt beginnen.
S Pr

Lösungen zu Übung 8 **Seite 28**

Nächste Woche will mein Vater ein Auto kaufen.
Pr

Meine Mutter möchte gern einen blauen Kombi haben.
Pr

Aber Vater hat schon einen roten Wagen bestellt.
Pr

Wir Kinder halten uns aus der Sache heraus.
Pr

Unsere alte Rostlaube hat uns auch gefallen.
Pr

Sie sieht aber schon sehr verbeult aus.
Pr

Mit dem neuen Wagen werden wir einen Ausflug machen.
Pr

Wir Kinder dürfen das Ziel bestimmen.
Pr

Radiere falsche Lösungen aus oder streiche sie durch. Bearbeite diese Aufgaben noch einmal.

Lösungen zu «Zur Erinnerung» **Seite 28**

Ein vollständiger Satz benötigt wenigstens zwei *Satzglieder.*
Das *Subjekt* ist der Satzgegenstand.
Mit der Frage: «*Wer oder was...?*» findest du es heraus.
Das *Prädikat* ist die Satzaussage.
Mit der Frage: «*Was tut/ist/hat das Subjekt?*» findest du es heraus.
Subjekt und Prädikat können aus *einem* Wort oder aus *mehreren* Wörtern bestehen.

Lösungen zu «Teste dich selbst: Subjekt und Prädikat» **Seite 29**

In einem Schloss lebten vor langer Zeit viele Gespenster.
Pr S

Sie sahen ähnlich aus.
S Pr

Nur ein kleines Gespenst war mit einem schwarzen Umhang geboren worden.
S Pr

Die anderen Gespensterkinder ärgerten es oft deswegen.
S Pr

Eines Nachts wollten sie die Schlossbewohner erschrecken.
S Pr

Diese konnten sie aber schon von weitem erkennen.
S — Pr: konnten … erkennen

Die Chance für unser kleines schwarzes Gespenst war endlich gekommen.
S — Pr: war … gekommen

Wegen seines dunklen Umhangs sah man es erst im letzten Augenblick.
Pr: sah — S: man

Es schwebte auf den Schlossherrn zu.
S — Pr: schwebte … zu

Nach dessen lautem Aufschrei wurde unser kleiner Held von allen bewundert.
S: unser kleiner Held — Pr: wurde … bewundert

Seite 31 **Lösungen zu Übung 9**

Ronny besucht *seinen Freund Thomas.* Er will *ihm* seine CD zurückbringen.
Als er klingelt, hört er gar *nichts.* Sie waren doch aber verabredet. Plötzlich hört er doch *ein Geräusch.* Er läuft schnell um das Haus und sieht *eine fremde Person* weglaufen.
Was soll er jetzt tun? Soll er *sie* verfolgen?

Seite 32 **Lösungen zu Übung 10**

einen Stock	⊗	Rudi Rüssel	⊗
Herr Meier	○	einer Frau	○
Herrn Meier	⊗	dir	○
die Katzen	⊗	die Sonne	⊗
meinem Freund	○	einem Kind	○

Seite 33 **Lösungen zu Übung 11**

1. Der Mann verlässt den Garten über die Mauer.
   Frage: *Wen oder was* verlässt der Mann über die Mauer?
   Akkusativobjekt: *den Garten*
2. Ronny verfolgt den Fremden, so schnell er kann.
   Frage: *Wen oder was* verfolgt Ronny, so schnell er kann?
   Akkusativobjekt: *den Fremden*
3. Da sieht er ein Polizeiauto herankommen.
   Frage: *Wen oder was* sieht er da herankommen?
   Akkusativobjekt: *ein Polizeiauto*
4. Die Polizisten sehen den Jungen winken.
   Frage: *Wen oder was* sehen die Polizisten winken?
   Akkusativobjekt: *den Jungen*
5. Sie stoppen ihren Streifenwagen.
   Frage: *Wen oder was* stoppen sie?
   Akkusativobjekt: *ihren Streifenwagen*
6. Sie winken Ronny zu sich her.
   Frage: *Wen oder was* winken sie zu sich her?
   Akkusativobjekt: *Ronny*

Radiere falsche Lösungen aus oder streiche sie durch. Bearbeite diese Aufgaben noch einmal.

Lösungen zu «Zur Erinnerung»

Seite 34

Satzergänzungen nennt man *Objekte.*
Das Objekt im 4. Fall heißt *Akkusativobjekt.*
Um dieses Objekt herauszufinden stellt man die Frage: *Wen oder was?*
Es kann aus *einem* Wort oder aus *mehreren* Wörtern bestehen.

Lösungen zu Übung 12

Seite 35

Gestern traf ich jemanden auf dem Markt. (Wen oder was traf ich gestern auf dem Markt?)
Ich kann alles reparieren. (Wen oder was kann ich reparieren?)
Petra lädt uns zum Geburtstag ein. (Wen oder was lädt Petra zum Geburtstag ein?)
Ich sehe das nicht ein. (Wen oder was sehe ich nicht ein?)
Meine Freundin wollte mir einiges zeigen. (Wen oder was wollte mir meine Freundin zeigen?)
Dies hätte ich gern. (Wen oder was hätte ich gern?)
Kann ich mehr haben? (Wen oder was kann ich haben?)
Ich gebe es dir nicht. (Wen oder was gebe ich dir nicht?)

Lösungen zu «Zur Erinnerung»

Seite 36

Die Ergänzung im 4. Fall nennt man auch *Akkusativobjekt.*
Es enthält häufig *Nomen* oder *Eigennamen.*
Es kann aber auch aus «kleinen» Wörtern wie *das, man, dies, manches, ihn* bestehen.
Auch sie erkennt man, wenn man die Frage stellt: *Wen oder was*?

Lösungen zu Übung 13

Seite 36

Die Polizisten fragen Ronny, was los sei.
AO

Sie nehmen sofort die Verfolgung auf.
AO

Die Polizisten können den Täter nirgends entdecken.
AO

Sie schlagen den Weg ein, der zu Thomas' Haus führt.
AO

Dort betreten sie durch die Terrassentür das Haus.
AO

Sie finden ein großes Durcheinander vor.
AO

Lösungen zu «Teste dich selbst: Subjekt, Prädikat und Akkusativobjekt»

Seite 37

Subjekte	*Prädikate*	*Akkusativobjekte*
1. die Polizisten	1. suchen	1. weitere Einbrecher
2. das Haus	2. ist	2.
3. einer	3. ruft … an	3. Thomas' Vater
4. der Vater	4. reißt … auf	4. die Tür
5. sein Schreck	5. ist	5.
6. alle	6. durchsuchen	6. die Zimmer
7. nichts	7. fehlt	7.
8. Ronny	8. hat … bewahrt	8. die Familie

Seite 38 **Lösungen zu Übung 14**

das Kamel	○	dem Froschkönig	☒
mir	☒	das Fenster	○
Herr Schmidt	○	euch	☒
Herrn Schmidt	☒	die Autos	○
den Katzen	☒	einer Mannschaft	☒

Seite 39 **Lösungen zu Übung 15**

1. Ronny gibt Thomas' Vater die CD.
   Frage: *Wem* gibt Ronny die CD?
   Dativobjekt: *Thomas' Vater*
2. Der will sie seinem Sohn überreichen.
   Frage: *Wem* will der sie überreichen?
   Dativobjekt: *seinem Sohn*
3. In diesem Moment steht Ronny seinem Freund gegenüber.
   Frage: *Wem* steht Ronny gegenüber?
   Dativobjekt: *seinem Freund*
4. Sie erzählen Thomas die Geschichte vom Einbruch.
   Frage: *Wem* erzählen sie die Geschichte vom Einbruch?
   Dativobjekt: *Thomas*
5. Der Vater verspricht beiden Kindern eine Überraschung.
   Frage: *Wem* verspricht der Vater eine Überraschung?
   Dativobjekt: *beiden Kindern*
6. Sie werden dem Abenteuerpark einen Besuch abstatten.
   Frage: *Wem* werden sie einen Besuch abstatten?
   Dativobjekt: *dem Abenteuerpark*

Radiere falsche Lösungen aus oder streiche sie durch. Bearbeite diese Aufgaben noch einmal.

Seite 40 **Lösungen zu «Zur Erinnerung»**

Satzergänzungen nennt man *Objekte.*
Das Objekt im 3. Fall heißt *Dativobjekt.*
Um dieses Objekt herauszufinden stellt man die Frage: *Wem?*
Es kann aus *einem* Wort oder aus *mehreren* Wörtern bestehen.

Seite 41 **Lösungen zu Übung 16**

Petra verspricht der Mutter (DO) eine Geburtstagstorte.

Mein Lehrer gibt allen (DO) die Hefte zurück.

Ich bestelle meiner Schwester (DO) einen Gruß von Alex.

Vater gibt dem Baumhaus (DO) einen neuen Anstrich.

Selim sendet uns (DO) viele Grüße.

Juliane begegnete gestern der Kelly Family (DO).

Die Kinder erzählen den Eltern (DO) von ihrem Klassenausflug.

Zoltan bringt den Nachbarn (DO) die geliehene Leiter zurück.

Lösungen zu «Zur Erinnerung» Seite 42

Die Ergänzung im 3. Fall nennt man auch *Dativobjekt.*
Es enthält häufig *Nomen* oder *Eigennamen.*
Es kann aber auch aus kleinen Wörtern wie *mir, allen, uns, ihm, jemandem* bestehen.
Auch sie erkennt man, wenn man die Frage stellt: *Wem?*

Lösungen zu «Teste dich selbst: Dativobjekt und Akkusativobjekt» Seite 42/43

Dativobjekte	*Akkusativobjekte*
der alten Dame	das Fenster
ihr	es
der Katze	die Katze
den Schülern	ihn

Lösungen zu «Teste dich selbst: Subjekt, Prädikat, Dativ- und Akkusativobjekt» Seite 43

Unsere Familie (S) hat (Pr) viele Pläne (AO).

Johannes (S) will (Pr) seinen Freund (AO) in Hannover besuchen (Pr).

Mutti (S) hat (Pr) Ulla (DO) einen Besuch im Zoo (AO) versprochen (Pr).

Papa (S) schreibt (Pr) seinen Freunden (DO) Geburtstagseinladungen (AO).

Lösungen zu Übung 17 Seite 46

Ort	*Zeit*	*Art und Weise*	*Grund*
Wo?	Wann?	Wie?	Warum?
Woher?	Wie lange?	Auf welche Art und Weise?	Weswegen?
Wohin?	Seit wann?	Womit?	Weshalb?
	Bis wann?		Aus welchem Grund?
	Wie oft?		

Lösungen zu «Zur Erinnerung» Seite 47

Adverbiale Bestimmung des Ortes: *Wo? Woher? Wohin?*
Adverbiale Bestimmung der Zeit: *Wann? Wie lange? Seit wann? Bis wann? Wie oft?*
Adverbiale Bestimmung der Art und Weise: *Wie? Auf welche Art und Weise? Womit?*
Adverbiale Bestimmung des Grundes: *Warum? Weswegen? Weshalb? Aus welchem Grund?*

Lösungen zu Übung 18 Seite 48

Adverbiale Bestimmung des Ortes	*Adverbiale Bestimmung der Zeit*
unter der Brücke	vor Sonnenaufgang
hier	seit zwei Wochen
aus der Schule	jetzt
nach England	bis vor kurzem

Seite 49 **Lösungen zu Übung 19**

Jeder kehrt vor seiner Tür.
AB-O

Es ist noch kein Meister vom Himmel gefallen.
AB-O

Am Abend wird der Faule fleißig.
AB-Z

Lieber den Spatz in der Hand als die Taube auf dem Dach.
AB-O AB-O

Was du heute kannst besorgen, das verschiebe nicht auf morgen.
AB-Z AB-Z

Am Ende wird alles gut.
AB-Z

Seite 50 **Lösungen zu «Zur Erinnerung»**

Du hast zwei *adverbiale* Bestimmungen kennen gelernt:
die *adverbiale Bestimmung* des *Ortes* (Fragewörter: *wo, woher, wohin*)
und die *adverbiale Bestimmung* der *Zeit* (Fragewörter: *wann, wie lange, seit wann, bis wann, wie oft*).
Adverbiale Bestimmungen können aus *einem* Wort oder aus *mehreren* Wörtern bestehen.

Seite 50/51 **Lösungen zu «Teste dich selbst: Adverbiale Bestimmungen des Ortes und der Zeit»**

Der Rattenfänger von Hameln

Vor vielen Jahren gab es in Hameln eine schreckliche Rattenplage.
AB-Z AB-O

Nach kurzer Zeit hatten sich die Ratten in der Stadt ausgebreitet. Nachts
AB-Z AB-O AB-Z

krochen sie in die Keller und in die Häuser, am Tag tummelten sie sich
AB-O AB-O AB-Z

in den Gassen und auf den Plätzen. Eines Tages kam ein junger Mann
AB-O AB-O AB-Z

aus einem anderen Teil des Landes. Er versprach, die Stadt sogleich von den
AB-O AB-Z

Ratten zu befreien. Am Johannistag des Jahres 1284 führte er alle Ratten,
AB-Z

die seinem schönen Flötenspiel folgten, in die Weser. Dort ertranken die kleinen
AB-O AB-O

Plagegeister. Am nächsten Tag feierten die Hamelner Bürger ein großes Fest
AB-Z

bis in die Nacht hinein. Der Bürgermeister und die Ratsherren beschlossen
AB-Z

daraufhin dem fremden Mann seinen versprochenen Lohn nicht zu zahlen.
AB-Z

Dieser drohte sofort, Rache zu nehmen. Als am folgenden Sonntag alle
AB-Z AB-Z

Bewohner in der Kirche waren, zog er wieder mit seiner Flöte durch die Straßen
AB-O AB-Z AB-O

Hamelns. Aber diesmal folgten ihm die Kinder aus der Stadt hinaus.
AB-Z AB-O

Sie wurden nie wieder gesehen und seit diesen Tagen erzählen sich die Leute
AB-Z AB-Z

die Sage vom Rattenfänger zu Hameln.
AB-O

Radiere falsche Lösungen aus oder streiche sie durch. Bearbeite diese Aufgaben noch einmal.

Lösungen zu Übung 20 — **Seite 52**

Adverbiale Bestimmung der Art und Weise	*Adverbiale Bestimmung des Grundes*
schnell	aus Angst
so heftig	wegen der Kälte
ohne Jammern	zu deiner Sicherheit
blitzschnell	vor Aufregung
mit Schwung	durch die Ansteckungsgefahr

Lösungen zu Übung 21 — **Seite 53**

Tarek kam vor Müdigkeit nicht aus dem Bett.
AB-G

Er zwang sich mit aller Kraft aufzustehen.
AB-AuW

Er musste heute besonders fit in der Schule sein.
AB-AuW

Wegen der bevorstehenden Zeugnisse stand eine Klassenarbeit auf dem Plan.
AB-G

Gestern hatte er vor lauter Langeweile bis um halb zwölf ferngesehen.
AB-G

Aus Angst vor Unpünktlichkeit ging er hungrig aus dem Haus.
AB-G AB-AuW

Mit knurrendem Magen kam er in der Schule an.
AB-AuW

Lösungen zu «Zur Erinnerung» — **Seite 54**

Du hast zwei weitere *adverbiale* Bestimmungen kennen gelernt: die *adverbiale Bestimmung* der *Art und Weise* (Fragewörter: *wie, auf welche Art und Weise, womit*) und die *adverbiale Bestimmung* des *Grundes* (Fragewörter: *warum, weswegen, weshalb, aus welchem Grund*).

Adverbiale Bestimmungen können aus *einem* Wort oder aus *mehreren* Wörtern bestehen.

Lösungen zu «Teste dich selbst: Adverbiale Bestimmungen der Art und Weise und des Grundes»

Seite 55

Der Rattenfänger von Hameln

Vor vielen Jahren holten die Hamelner Bürger wegen einer schrecklichen
AB-G

Rattenplage einen Rattenfänger in die Stadt. Fröhlich ging der junge Mann ans
AB-AuW

Werk, denn die Ratsherren hatten ihm aus Verzweiflung eine hohe Belohnung
AB-G

versprochen. Er spielte so schön auf seiner Flöte, dass ihm alle Ratten
AB-AuW

ohne Ausnahme folgten und jämmerlich in der Weser ertranken.
AB-AuW AB-AuW

Aus lauter Habgier beschlossen die Ratsherren einstimmig dem Fremden seinen
AB-G AB-AuW

Lohn trotz seines Erfolges nicht zu zahlen. Dieser lockte vor Wut über dieses
AB-G AB-G

Verhalten alle Kinder auf hinterlistige Art und Weise mit seinem Flötenspiel an.
AB-AuW

Voller Vertrauen folgten sie ihm fröhlich durch das Stadttor hinaus und wurden
AB-AuW AB-AuW

trotz langjährigen Suchens niemals gefunden. Vor lauter Verzweiflung klagten
AB-G AB-G

die Eltern jahrelang über den Verlust ihrer Kinder.

Seite 56 **Lösungen zu «Teste dich selbst: Adverbiale Bestimmungen»**

Der Ritter und die Fee

Vor langer Zeit (AB-Z) gab es einen Ritter namens Archibald, der sich vor Einsamkeit (AB-G) schrecklich (AB-AuW) langweilte. Archibald war schon sehr alt und der König hatte sich vor kurzem (AB-Z) einen neuen Ritter erwählt. Laut (AB-AuW) klagte er vor Langeweile (AB-G). Plötzlich (AB-Z) erschien ihm eine Fee. Neugierig (AB-AuW) fragte sie: «Was hast du? Du stöhnst und klagst! Was ist los?» Der Ritter konnte ihr in diesem Moment (AB-Z) seine Sorgen nicht verheimlichen und sprach: «Ich wünsche mir von ganzem Herzen (AB-AuW) etwas, womit ich spielen, schreiben, zeichnen und musizieren kann!» Die Fee wirbelte den Zauberstab über ihren Kopf (AB-O) und leise klirrend (AB-AuW) schwirrte etwas Schweres durch die Luft (AB-O). Ein viereckiger Kasten landete genau (AB-AuW) vor Archibalds Füßen (AB-O). Es war ein Computer. Der Ritter dankte der Fee von ganzem Herzen (AB-AuW) und trug den Schatz in das Schloss (AB-O). Jeden Tag (AB-Z) spielte er dort (AB-O) vergnügt (AB-AuW) mit diesem Zaubergeschenk bis an sein Lebensende (AB-Z).

Radiere falsche Lösungen aus oder streiche sie durch. Bearbeite diese Aufgaben noch einmal.

1. Wiederholung

Lösungen zu W 1.1 Seite 58/59

Die hier neu eingesetzten Subjekte sind nur Beispiele. Dir sind sicher andere Lösungen eingefallen.

das Gespenst
Jeden Tag zur Geisterstunde erwacht ~~das kleine Monster~~ zum Leben.
Pr

Staufensteins
Die ~~Schlossbewohner~~ haben sich noch nicht daran gewöhnt.
Pr

Der Butler
~~Der alte Schlossherr~~ wundert sich jede Nacht über die merkwürdigen Geräusche.
Pr

Lampen Rex
In der Diele klappern die ~~Rüstungen~~ und ~~der Schlosshund~~ jault in seiner Ecke.
Pr Pr

der Gärtner der Lärm
Nur ~~der alte Kammerdiener~~ ist schwerhörig und ~~es~~ stört ihn nicht mehr.
Pr Pr

Lösungen zu W 1.2 Seite 59

⊗ Im Korb liegt meine Stricknadel nicht.
○ Ich gebe dir meine Stricknadel nicht.
○ Eva steckt einen Korken auf das Ende ihrer Stricknadel.
○ In den Ferien fahre ich nicht weg.
⊗ Die Ferien fangen dieses Jahr früh an.
○ Ich erwarte die Ferien ungeduldig.
○ Ich bringe meiner Oma einen Blumenstrauß.
⊗ Heute hilft Oma meiner Mutter im Garten.
○ Wir begleiten Oma immer in die Stadt.
○ Im großen Kasten sind alle Ersatzteile.
○ Peter versetzt dem Kasten einen Fußtritt.
⊗ Gestern fiel der Kasten krachend vom Tisch.

Lösungen zu W 1.3 Seite 60

Heute fängt das Gespenst schon vor Mitternacht an, *anfangen*
denn Familie Staufenstein geht heute aus. *ausgehen*
Es bereitet sich besonders sorgfältig auf den Coup vor. *vorbereiten*
In der Diele fällt die alte Standuhr krachend um. *umfallen*
Aber die Familie nimmt das Gepoltere nicht mehr wahr. *wahrnehmen*
Der Chauffeur fährt bereits den Wagen vor *vorfahren*
und die Familie schreitet die Treppe herunter. *herunterschreiten*
Nur dem Butler jagt das Gespenst einen riesigen Schreck ein. *einjagen*
Klirrend fällt ihm das Tablett mit den Weingläsern herunter. *herunterfallen*

Lösungen zu W 1.4 Seite 60

das Geisterhaus	⊗	im Keller	○
den Butler	⊗	der rote Salon	○
ihr	○	den Schlossgarten	⊗
dem Schlossherrn	○	ihnen	○
um Mitternacht	○	alle Rüstungen	⊗
uns	⊗	sein Geheule	⊗

Seite 61 **Lösungen zu W 1.5**

dem Hofhund	☒	um acht	○
ich	○	ihm	☒
im Park	○	den Gästen	☒
uns	☒	euch	☒
der Köchin	☒	die Leuchter	○
das Gespenst	○	viele	○

Seite 61 **Lösungen zu W 1.6**

In der nächsten Woche erwartet das kleine Gespenst Besuch (AO).

Seine Cousine Amanda hat ihm (DO) einen Brief (AO) geschrieben und ihr Kommen (AO) angekündigt.

Das Gespenst putzt seine Dachkammer (AO) und bezieht Amanda (DO) ein frisches Bett (AO).

Es plant schon gemeinsame Unternehmungen (AO).

Es will seiner Verwandten (DO) seinen Spukbezirk (AO) zeigen und ihr (DO) auch seine Freunde (AO) vorstellen.

Ob sie ihr (DO) auch ein Begrüßungsständchen (AO) bringen?

Seite 62 **Lösungen zu W 1.7**

Das kleine Gespenst steht um Mitternacht (AB-Z) am Fenster (AB-O) und wartet auf seine Cousine. Pünktlich (AB-Z) schwebt sie ins Zimmer (AB-O) und bricht erschöpft auf dem Fußboden (AB-O) zusammen. Ihre Reise hat 46 Stunden (AB-Z) gedauert und Amanda ist froh endlich (AB-Z) im Schloss (AB-O) angekommen zu sein. Aber das kleine Gespenst gönnt ihr nur eine kurze Zeit der Erholung, denn es will sie noch heute Nacht (AB-Z) überall (AB-O) herumführen. Sie beginnen sofort (AB-Z) im Obergeschoss (AB-O) und begeben sich anschließend (AB-Z) in den roten Salon (AB-O). Hier (AB-O) bricht Amanda endgültig (AB-Z) vor dem Kamin (AB-O) zusammen. Die Führung ist vorzeitig (AB-Z) beendet.

Radiere falsche Lösungen aus oder streiche sie durch. Bearbeite diese Aufgaben noch einmal.

Seite 63 **Lösungen zu W 1.8**

Aus Angst vor Entdeckung (AB-G) zerrt das kleine Gespenst Amanda hinter die Wanduhr, denn mit schwungvollen Schritten (AB-AuW) naht die Lady, die wegen unheimlicher Geräusche (AB-G) aufgewacht ist. Vor Entsetzen (AB-G) läutet sie schnaufend (AB-AuW) nach dem Butler.

Der aber schläft aufgrund seiner Schwerhörigkeit (AB-G) tief und fest (AB-AuW). Darum (AB-G) kriecht die Lady verängstigt (AB-AuW) in ihr Bett, findet aber wegen schlechter Träume (AB-G) keine Ruhe.

2. Wiederholung

Lösungen zu W 2.1

Seite 64

Heute kommt meine Oma *in Köln* an.
Wann? Wo?

Das Open-Air-Gelände befindet sich *am Stadtrand*.
Wo?

Das Publikum strömt schon *aufgeregt* durch den Eingang.
Wie?

Oma sucht *ungeduldig in der Handtasche* ihre Eintrittskarte.
Wie? Wo?

Endlich findet sie sie *erleichtert in der Manteltasche*.
Wann? Wie? Wo?

Die hier dargestellten Lösungen sind nur Beispiele. Dir sind sicher noch andere eingefallen.

Lösungen zu W 2.2

Seite 64

	Subjekt ja	Subjekt nein
Das kleine Gespenst spukt gern im Schloss herum.	○	⊗
Sein Großvater hatte es ihm schon vor vielen Jahren verboten.	⊗	○
Aber das kümmerte den kleinen Schlossgeist nicht.	○	⊗
Vor allem der rote Salon hatte es ihm angetan.	○	⊗
Hier waren so schöne Ecken und Winkel zum Verstecken.	⊗	○
Und die alte Lady konnte immer so schön brüllen,	⊗	○
wenn sie eine Ecke des Gewandes hinter der Standuhr sah.	○	⊗

Lösungen zu W 2.3

Seite 65

Alle Bewohner essen dann ~~ihr Frühstück~~ (ihr Müsli) im großen Esszimmer. Der Butler bringt ~~die schönsten Speisen~~ (das Tablett) und das kleine Gespenst bekommt ~~großen Appetit~~ (Hunger). Niemand darf ~~das kleine Monster~~ (unser Gespenst) jedoch bemerken. Es wartet also, bis die Familie ~~das Feld~~ (den Saal) räumt. Dann verspeist das kleine Gespenst heimlich ~~die Reste~~ (den Pudding). Die Köchin lobt ~~den Appetit~~ (die Essgewohnheiten) der Familie.

Die hier dargestellten Lösungen sind nur Beispiele. Dir sind sicher noch andere eingefallen.

Lösungen zu W 2.4

Seite 65

Trotzdem haben sich die Kinder des Hauses mit ~~ihm~~ (dem Gespenst) befreundet.

Manchmal stellen sie ~~ihm~~ (ihrem neuen Freund) ein Schälchen Erdnüsse auf die Fensterbank.

Es dankt ~~ihnen~~ (den Kindern) lautstark um Mitternacht mit seinem Höllenlärm.

Nur ~~der alten Lady~~ (dem Butler) fällt jedesmal das Gebiss aus dem Mund.

~~Niemandem~~ (Den Erwachsenen) verraten die Kinder ihr Geheimnis.

Die hier neu eingesetzten Dativobjekte sind nur Beispiele. Dir sind sicher noch andere eingefallen.

Seite 66 **Lösungen zu W 2.5**

Akkusativobjekt	bedauern bitten rufen	*beide*	schenken schreiben verzeihen spenden kaufen
Dativobjekt	danken glauben helfen		

Seite 66 **Lösungen zu W 2.6**

AB-O	im Rolls-Royce vor dem Schlossgraben dort	*AB-AuW*	heulend mit einem Riesenschwung auf leisen Sohlen
AB-Z	dann zur Geisterstunde vor tausend Jahren	*AB-G*	vor Schreck aus Jux wegen Donner und Blitz

Seite 67 **Lösungen zu W 2.7**

Radiere falsche Lösungen aus oder streiche sie durch. Bearbeite diese Aufgaben noch einmal.

[Kurz vor Köln] [verreckt] [der Motor.] 3
[Meine Oma] [bleibt] [wie immer] [ruhig.] 4
[Sie] [gibt] [den vorbeifahrenden Autofahrern] [Zeichen] [mit ihrem Taschentuch.] 5
[Niemand] [hält.] 2
[Zufällig] [fährt] [ein ADAC-Pannenwagen] [auf den Randstreifen.] 4
[In Windeseile] [hilft] [der nette Mechaniker] [meiner Oma] [mit einem Kanister Benzin] [aus der Patsche.] 6
[Eine schwungvolle Oma] [hat] [keine Zeit] [zum Tanken.] 4

Seite 67 **Lösungen zu W 2.8**

«Fritzchen», knöpfte (Pr) sich der Vater (S) seinen Sprössling (AO) vor (Pr), «dein Lehrer (S) sagte (Pr) mir (DO) heute (AB-Z), dass du (S) der Schwächste in Geografie bist (Pr)!»

«Das (S) stimmt (Pr) gar nicht (AB-AuW)», versicherte (Pr) Fritzchen (S) temperamentvoll (AB-AuW), «denn ich (S) bin (Pr) der Einzige von uns, der den schweren Globus (AO) allein (AB-AuW) ins Klassenzimmer (AB-O) tragen kann (Pr).»

Lösungen zur Grammatikarbeit Nr. 1

Seite 69

Aufgabe 1
8 Punkte

1. Wann? Wie lange? Wie oft? — 3. Subjekt
2. Wo? Wohin? Woher? — 6. Prädikat
3. Wer oder was? — 8. Akkusativobjekt
4. Wem? — 1. adverbiale Bestimmung der Zeit
5. Auf welche Art und Weise? Wie? — 7. adverbiale Bestimmung des Grundes
6. Was tut jemand? Was passiert? — 4. Dativobjekt
7. Warum? Wieso? Weshalb? — 2. adverbiale Bestimmung des Ortes
8. Wen oder was? — 5. adverbiale Bestimmung der Art und Weise

Aufgabe 2
14 Punkte

1. Susanne und ihre Mutter backen Kuchen.
   S Pr AO
2. Sie bereiten Susannes Geburtstagsfeier vor.
   S AO Pr
3. Ihre Freundinnen bringen ihr kleine Geschenke mit.
   S DO AO Pr
4. Ein neues Fahrrad haben die Eltern der Tochter geschenkt.
   AO S DO Pr

Aufgabe 3
8 Punkte

adverbiale Bestimmung			
des Ortes	*der Zeit*	*der Art u. Weise*	*des Grundes*
im Dorf dort	immer vor zwei Tagen	lachend ohne Zögern	trotz Fieber aus Angst

Aufgabe 4
9 Punkte

1. Der Lehrer verteilte heute, gestern, letzte Woche die Hefte, Negerküsse, Lesebücher in der Klasse.
   AB-Z AO
2. Die Prinzessin, Angelika, meine Mutter gibt dem Frosch, Johannes, meinem Vater einen Kuss.
   S DO
3. Die Kinder wollen, haben dem Nachbarn im Garten, auf dem Bürgersteig, auf dem Dachboden einen Streich spielen, gespielt.
   Pr AB-O AB-O Pr
4. Sie laufen schnell, verspätet, schreiend mit ihren Sporttaschen in die Turnhalle, aus der Schule, über den Sportplatz.
   AB-AuW AB-O AB-O

Die hier dargestellten Lösungen sind nur Beispiele.
Dir sind sicher noch andere eingefallen.

Aufgabe 5
8 Punkte

1. Der Lehrer verteilt <u>die Hefte, die Arbeiten</u> … *(Akkusativobjekt)*
2. Die Jungen <u>spielen</u> auf dem Hof Fußball. *(Prädikat)*
3. Peter zeigt <u>Tom, meinem Onkel</u> … sein neues Zimmer. *(Dativobjekt)*
4. Morgen Abend gehen <u>wir, meine Eltern</u> … ins Kino. *(Subjekt)*

Aufgabe 6
11 Punkte

[In den Sommerferien] [fahren] [wir] [mit unserer ganzen Familie] [nach Österreich.]
5

[Peter und seine Freunde] [spielen] [nachmittags] [oft] [Fußball] [auf dem Pausenhof.]
6

Seite 72 Lösungen zur Grammatikarbeit Nr. 2

Aufgabe 1
8 Punkte

1. Subjekt <u>Wer oder was?</u>
2. Prädikat <u>Was tut das Subjekt?</u>
3. Dativobjekt <u>Wem?</u>
4. Akkusativobjekt <u>Wen oder was?</u>
5. Adverbiale Bestimmung des Ortes <u>Wo? Woher? Wohin?</u>
6. Adverbiale Bestimmung der Zeit <u>Wann? Wie lange? Bis wann? Seit wann? Wie oft?</u> (Zwei Fragewörter reichen!)
7. Adverbiale Bestimmung der Art und Weise <u>Wie? Auf welche Art und Weise? Womit?</u> (Zwei Fragewörter reichen!)
8. Adverbiale Bestimmung des Grundes <u>Warum? Weswegen? Weshalb? Aus welchem Grund?</u> (Zwei Fragewörter reichen!)

Radiere falsche Lösungen aus oder streiche sie durch. Bearbeite diese Aufgaben noch einmal.

Aufgabe 2
14 Punkte

1. <u>Der Hausmeister</u> (S) <u>schließt</u> morgens mit einem großen Schlüssel <u>die Schule</u> (AO) <u>auf</u>. (schließt … auf: Pr)
2. <u>Die Schüler</u> (S) <u>machen</u> (Pr) <u>ihm</u> (DO) durch ihr Gedränge jeden Morgen <u>Schwierigkeiten</u> (AO).
3. <u>Sie</u> (S) <u>betreten</u> (Pr) <u>das Gebäude</u> (AO) vor dem Klingelzeichen.
4. <u>Der Schulleiter</u> (S) <u>hat</u> <u>den Kindern</u> (DO) schon <u>Strafen</u> (AO) <u>angedroht</u>. (hat … angedroht: Pr)

Aufgabe 3
17 Punkte

adverbiale Bestimmung			
des Ortes	*der Zeit*	*der Art u. Weise*	*des Grundes*
ins Bad gegen den Schrank am Frühstückstisch zur Bushaltestelle in der Schule	heute Morgen erst um sieben Uhr zehn Minuten später in letzter Minute eine halbe Stunde	schlaftrunken hellwach in aller Eile außer Atem	vor Müdigkeit trotz der Hektik wegen einer Umleitung

In der nächsten Woche | schenke | ich | meiner Freundin | einen Einkaufsbummel | in Hannover. 6

Die Schüler der Klasse 5 a | verrieten | gestern | ihrem Lehrer | voller Ungeduld | die Geburtstagsüberraschung. 6

Aufgabe 4
12 Punkte

1. Heute, letzte Woche, abends … (AB-Z) spielt, sah, wäscht … (Pr)
   Felix, meine Schwester, Oma … (S) Fußball, einen Film, Wäsche … (AO)
2. Vor Wut, wegen des Regens, aus Bequemlichkeit … (AB-G) rennt, bleibt, fährt … (Pr)
   mein kleiner Bruder, Opa, Vater … (S) aus dem Zimmer, zu Hause, zur Arbeit … (AB-O)

Aufgabe 5
8 Punkte

Die hier dargestellten Lösungen sind nur Beispiele.
Dir sind sicher noch andere Lösungen eingefallen.

Immer dabei: Das Lesezeichen

ELTERN

Hilfe Schneide das nebenstehende Blatt aus, falte es entlang der roten Linie und klebe es an der Innenseite zusammen. (Schlau ist es, wenn du dir die Seite vorher kopierst – falls du das Lesezeichen einmal verlegen solltest.) Jetzt hast du ein tolles Lesezeichen, auf dem du immer schnell nachschauen kannst, wenn du bei einzelnen Satzgliedern unsicher bist. (Wenn du Lust hast, kannst du das Lesezeichen unten lochen und dort einen dicken Wollfaden oder Ähnliches durchziehen. Dann ist es noch auffälliger. Du kannst es auch zusätzlich mit einer selbstklebenden Folie beziehen.)

Tipp Stell dir das Lesezeichen zweimal her und lege eins in dein Sprachbuch. So hilft es dir auch in der Schule, wenn du beim Bestimmen eines Satzgliedes unsicher bist.

	Satz							
Satzglieder	**adverbiale Bestimmung**		**Prädikat**	**Subjekt**		**Ergänzung**		
Wörter	Am	Sonntag	besucht	meine	Schwester	ihre	Freundin	Sandra.

Subjekt
Wer oder was?
1. Fall

meine Eltern
Florian
das Auto
die Katzen

Prädikat
Was tut/hat/ist ...?

sind
hat ... versucht
soll ... kommen
stolperte

Dativobjekt
Wem?
3. Fall

meinen Eltern
Florian
dem Auto
den Katzen

Akkusativobjekt
Wen oder was?
4. Fall

meine Eltern
Florian
das Auto
die Katzen

adverbiale Bestimmung des Ortes
Wo, woher, wohin ...?

dort
am Bahnhof
nach Amerika
zum Fluss

adverbiale Bestimmung der Zeit
Wann, bis wann, wie oft ...?

heute
bis um drei Uhr
seit einem Tag
gleich

adverbiale Bestimmung der Art und Weise
Wie, womit ...?

schnell
ohne Zögern
mit Geduld
fassungslos

adverbiale Bestimmung des Grundes Warum, weshalb ...?

aus Ärger
wegen der Kälte
trotz Müdigkeit
vor Lachen